Thürnaus TOLLE TORTEN

Landbuch
Verlag Hannover

Thürnau, Michael
THÜRNAUS TOLLE TORTEN. – 1. Auflage. –
Hannover: Landbuch Verlag Hannover, 2003.
ISBN 3-7842-0668-9.

1. Auflage 2003

Postfach 160, 30001 Hannover
Kabelkamp 6, 30179 Hannover
Telefon: 05 11 / 270 46 - 0
Telefax: 05 11 / 270 46 - 150
buch@landbuch.de
www.landbuch.de

Alle in diesem Buch enthaltenen Angaben, Daten, Ergebnisse etc. wurden von den Autoren nach bestem Wissen erstellt und von ihnen und dem Verlag mit größtmöglicher Sorgfalt überprüft. Eine Verantwortung und Haftung für etwaige inhaltliche Unrichtigkeiten kann jedoch nicht übernommen werden. Der Haftungsausschluss gilt nicht, soweit nach dem Produkthaftungsgesetz für Personen- und Sachschäden gehaftet wird.
Jeder Leser muss beim Umgang mit den genannten Stoffen, Materialien, Geräten usw. Vorsicht walten lassen, Gebrauchsanweisungen und Herstellerhinweise beachten sowie den Zugang für Unbefugte verhindern.

Projektleitung: Dieter Brodbeck, Landbuch Verlag Hannover
Redaktion: Dieter Brodbeck, Landbuch Verlag Hannover
Gestaltung: DRAG 'N DROP Hannover · www.drag-n-drop.de
Druck: J.P. Himmer GmbH & Co. KG, Augsburg
Gesamtherstellung: Landbuch Verlag GmbH, Hannover

Titelfoto und Portraits: kaempre, Paul-Ernst Kämmer, Seelze
Rezept-Fotos: André Chales de Beaulieu, Hannover
Food-Styling: Thomas Lauterbach, Hamburg
Freisteller-Bilder: PhotoDisc, MEV Fotoclip, DRAG 'N DROP

Meine Lust am Backen ist eine späte Leidenschaft. Eigentlich habe ich mich jahrelang nur mit dem Thema „Kochen" beschäftigt. Der Garpunkt von Entenbrust, die Zubereitung von Jacobsmuscheln, die Würzkraft von Zitronengras – all das Wurzeln meines lukullischen Glücks. Aber Backen? Teigrühren ist doch etwas für Kinder in der Weihnachtszeit, oder? Und Kuchen ist Kuchen – was soll ein Feinschmecker da schon an Herausforderungen finden?

Andererseits: Wenn ich an meine Kindheit denke, dann fallen mir herrliche Kuchen ein. Saftig, kräftig, sahnig, oft noch warm gegessen. Heute bekommen wir in jeder Bäckerei jederzeit eine Riesenauswahl an Torten mit exotischen Namen, deren Gemeinsamkeit weitgehende Geschmacklosigkeit ist. Wahrscheinlich rührt meine jahrelange Unlust an Torten und Kuchen daher, dass Kuchen kein Genuss mehr war.

„Verdammt guter Kuchen ..."

FBI-Agent Dale B. Cooper in „Twin Peaks"

Und die Fertigmischungen zum Backen, die überall im Supermarkt auf Kundschaft warten? Sie sind eher Chemiebaukasten als eine leckere Offenbarung. Wir können heute zwar Russischen Zupfkuchen, Jamaikanische Rumtorte und Italienischen Mandelkuchen in Minutenschnelle backen. Tatsächlich duftet dieser Kuchen auch herrlich aus dem Ofen, aber es ist eine trügerische Verführung. Der Moment der Wahrheit kommt, wenn wir in eine Fertigtorte beißen. *„Langweilig"* ist dann noch das *netteste* Attribut, das mir dazu einfällt.

Irgendwann kam dann der Tag meiner Kuchen-Erleuchtung: Bei einer Veranstaltung kam ein Mann zu mir, der sich als ehemaliger Bäcker vorstellte. In seinem Ort hatte er ein altes Backhaus renoviert. Zu besonderen Anlässen heizte er den Holzofen an. Ich ließ mich überreden und begleitete ihn in seine Backstube. Aus dem Holz-

ofen zog der kleine, rundliche Mann ein altes Blech mit duftendem Butterkuchen. Auf die schon leicht karamellisierte Oberfläche goss er einen großen Becher dickflüssige Sahne und schob das Blech zurück.

Nach weiteren drei Minuten in der Glut des Ofens kam der leckerste Kuchen auf den Tisch, den ich je in meinem Leben gegessen hatte. Was war der Unterschied? Der Unterschied zwischen dem trostlosen Zuckerkuchen, der heute verkauft wird, und dem Zuckerkuchen aus dem Holzofen?

Drei Stücke und eine lange Erklärung später war ich schlauer: Die Hitze macht's. Die Backöfen zu Beginn des neuen Jahrtausends sind computergesteuert und schick – sie werden nur nicht mehr *richtig* heiß.

War das eine Erklärung, warum ich jahrelang Kuchen nur mit Unlust gegessen hatte? War die Erinnerung an den leckeren Kuchen meiner Kindheit also nicht nur verklärt durch die Zeit? Ist Kuchen, sind Torten heute deshalb anders, weil wir Kuchen nicht mehr lieben? Haben wir den Genuss geopfert für Fertigprodukte? Ist uns ein selbstreinigender Backofen wichtiger als einer, mit dem man perfekt backen kann?

Also habe ich mich an die Arbeit gemacht. Wochenlang war meine Küche Versuchslabor. *Und tatsächlich: Backen ist eine Lust!* Wer die Fertigmischungen im Regal stehen lässt und einfach vertraut auf Geschmack und beste Zutaten, wird belohnt mit den tollsten Kuchen und Torten.

Mein Backbuch soll Anregung sein, selbst mal wieder zu rühren und zu kneten. Ich weiß, dass auch viele von Ihnen perfekt backen können. Und deshalb ist mein Buch mit *„Thürnaus tollen Torten"* auch nicht der Olymp der göttlichen Torten. Es soll Ihnen nur Anreiz sein, selbst zu backen. Und natürlich zu genießen.

In diesem Sinne: „Backen wir's an!"

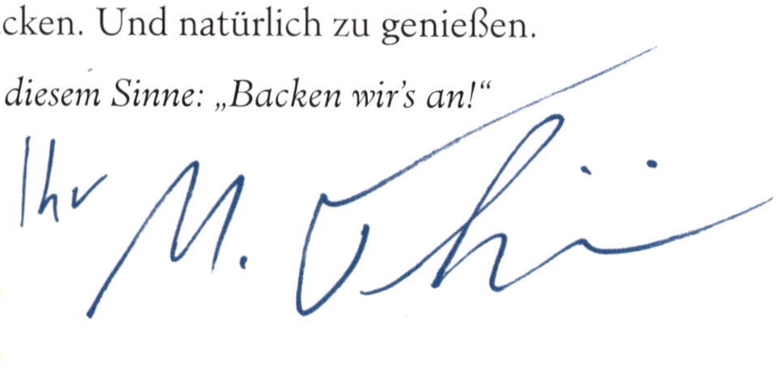

THÜRNAUS  BACK-ABC

BACK-ABC

A WIE ABLASSEN
Fachausdruck für das Trennen von Eiweiß und Eigelb. Muss sorgfältig geschehen, denn Eiweiß wird nur richtig fest, wenn kein Eigelb enthalten ist. Kleiner Tipp, damit der Eischnee richtig steif wird und die Form hält: Eine Prise Weinstein und etwas Salz zugeben.

A WIE AROMA
Wird umso besser, je besser die Zutaten sind. Aus halbreifen Bananen zum Beispiel kann man keinen aromatischen Kuchen backen. ***Meine Aroma-Tipps:*** Früchte sollen reif sein; Butter verwenden statt Margarine; statt künstlichem Mandelaroma gebe ich lieber einen Amaretto in den Teig.

B WIE BACKFORM
Unzählige Formen, Größen, Materialien und Beschichtungen bietet der Fachhandel an. Die ideale Form für sich kann man nur beim Backen herausfinden. Die Unterschiede:

Weißblech- oder Aluminiumformen nehmen wenig Hitze auf. Deshalb die Backzeit verlängern, die Temperatur erhöhen und auf die untere Rille des Ofens einschieben.

Porzellanformen verlängern die Backzeit etwas. Außerdem dürfen sie nie großen Temperaturunterschieden ausgesetzt sein. Porzellan- und Tonformern sollten im Ofen auskühlen.

Glasformen müssen auch etwas länger im Ofen bleiben. Da sie durchsichtig sind, kann man sehr schön feststellen, wie braun der Kuchen ist.

Dunkle Blechformen leiten die Hitze gut weiter und nehmen viel Temperatur auf. Die Backzeit kann etwas verringert werden.

Teflonformen brauchen eine längere Backzeit, weil die Beschichtung isoliert.

Backformen sollten immer eingefettet verwendet und nie in der Spülmaschine gereinigt werden.

B WIE BACKPULVER
Manchmal geht es in der Küche nicht ohne Chemie. Wo Hefe nicht wirken kann, gibt Backpulver die nötige Lockerheit des Teiges – er geht auf. Anders als bei der Hefe wirkt Backpulver erst richtig, wenn der Teig im Ofen steht.

B WIE BAIN-MARIE
Fachausdruck für das heiße Wasserbad. Zum Beispiel zum warmen Aufschlagen von Wiener Masse oder Tortenglasuren.

B WIE BELAG
Die Auflage auf dem Teig. Manche Beläge wie Erdbeeren werden kalt auf den Boden gelegt. Andere Beläge wie Äpfel müssen mitgebacken werden. In diesem Fall muss man den Belag sorgfältig gegen Austrocknen schützen – zum Beispiel, indem man ihn mit flüssiger Butter oder Konfitüre bestreicht.

B WIE BISKUIT
Einer der Grundteige beim Backen. Biskuit wird gemacht aus Eigelb, geschlagenem Eiweiß, Zucker und Mehl. Biskuitböden werden meist separat gebacken und später belegt oder gefüllt. Der Biskuitteig wird zur (meist delikateren) Wiener Masse, wenn zusätzlich flüssige Butter verarbeitet und die Mischung mit Mehl, Zucker und Eigelb im warmen Wasserbad aufgeschlagen wird.

B WIE BLÄTTERTEIG
Aufwändiger, hauchdünner Teig, der ohne Treibmittel luftig wird. Blätterteig kann gefüllt werden oder Unterlage sein für herrlich belegte Tartes. Tiefgekühlter Blätterteig erleichtert die Arbeit, schmeckt aber oft fade. ***Mein Tipp:*** Zwei Scheiben Blätterteig aufeinander legen, dazwischen eine Lage

THÜRNAUS  BACK-ABC

gute Süß-Rahmbutter streichen. Mit Kraft und ohne zu Kneten erneut dünn ausrollen.

B WIE BLINDBACKEN

Eine Teighülle zunächst ohne die echte Füllung backen und stattdessen zum Beispiel Trockenerbsen nehmen. Teig wird dann später gefüllt oder belegt.

B WIE BUTTER

Ist beim Backen oft der Geschmacksträger. Aber Butter ist nicht gleich Butter. Während auf einer Scheibe Brot eine Sauerrahmbutter besser schmeckt, verwendet man zum Kochen und Backen am besten Süßrahmbutter.

Natürlich kann man auch mit Margarine backen, aber das Ergebnis kommt nicht heran an den echten Buttergeschmack. Nicht umsonst nannten die Hausfrauen früher die Butter „gute Butter" – im Gegensatz zur normalen „Butter", der Margarine.

C WIE CRÈME FRAÎCHE

Ein Sauermilchprodukt, manchmal auch Küchensahne oder Küchenrahm genannt. Crème fraîche ist nicht mehr flüssig, sondern stichfest und kann nicht geschlagen werden.

D WIE DOSENOBST

Schlechte Alternative zu frischen Früchten. Dosenobst ist meist gezuckert, manchmal sogar mit Aromastoffen versehen. Während der Geschmacksunterschied in manchen Kuchen nicht so groß ist, sind gerade Torten abhängig von erstklassigen frischen Früchten. Eine Erdbeertorte zum Beispiel schmeckt mit Erdbeeren aus der Dose seltsam.

E WIE EIER

Eine der Hauptzutaten beim Backen. Hauptsächlich werden Hühnereier verwendet. In Rührkuchen sorgt Eiklar dank der guten Gerinnung für Lockerheit. Ohne Eier ist Backen kaum möglich, da Eiweiß und Eigelb gleichzeitig binden und lockern.

E WIE EIKLAR

Wird auch Eiweiß oder Eischnee genannt. Wird es fest geschlagen, ist es in der Küche ein ideales Lockerungsmittel. Steif geschlagenes Eiweiß wird zum Beispiel eingesetzt für Biskuitböden. Dafür sollte es schnittfest sein.

E WIE EINFETTEN

Empfiehlt sich immer, damit sich die Torte oder der Kuchen besser aus der Form lösen. Bevor der Teig in die Form kommt, soll sie mit Butter ***(notfalls Margarine)*** eingefettet werden. Nach dem Einfetten muss die Form in den Kühlschrank. Den Teig nur in gekühlte Formen füllen. Öl empfiehlt sich nicht. Es ist flüssig und läuft schon vor dem Backen in die Rillen am Boden.

F WIE FARBE

Nimmt man gute Zutaten, sind Lebensmittelfarben eigentlich überflüssig. Ausnahme: Bunte Torten mit Motiven. Hier bietet der Handel ein großes Sortiment an essbaren Farben.

F WIE FERTIGMISCHUNG

Sie sind der Tod der Backkultur. Der Handel bietet vom Russischen Zupfkuchen bis zur Sachertorte so ziemlich alles an, was den Namen Kuchen oder Torte trägt. Oft sind sogar Einmal-Backformen dabei. Fast alle Fertigmischungen nutzen aber Zusatzstoffe wie Backtriebmittel, um das gewünschte Ergebnis zu erzielen.

F WIE FETT

Eine der Grundzutaten beim Backen. Butter ist das beste Fett für Kuchen. In manchen Kuchen kommt auch anderes Fett zum Einsatz, zum Beispiel Schmalz. Fett wird auch benutzt, um die Backform einzustreichen.

F WIE FRISCH

Frische Zutaten sind für die meisten Kuchen wichtig. Und die meisten Kuchen schmecken auch frisch am besten. Während zum Beispiel ein Gugelhupf am besten innerhalb eines Tages verspeist werden sollte, müssen Stollen, Klaben oder schwere Rührkuchen ein paar Tage eingewickelt durchziehen.

F WIE FRÜCHTE

Eine Hauptzutat für Torten und Kuchen. Fast alle Früchte können zum Backen ver-

THÜRNAUS  BACK-ABC

wendet werden. Für Torten brauchen die Früchte ein ansehnliches Äußeres. Für Bananenkuchen oder Apfeltorte können aber auch überreife, unansehnliche Früchte verwendet werden – sie haben oft einen intensiveren Geschmack.

G wie Gehenlassen

Hefeteig braucht eine längere Zeit, um sein Volumen zu vergrößern. Diesen Vorgang nennt man „Gehenlassen".

G wie Gelatine

Hilfsmittel aus Tierknochen, das zum Festwerden von Flüssigkeiten verwendet wird. Gelatine dient auch für Tortenguss oder zum Gelieren von ungebackenem Käsekuchen.

Die fertig aufgelöste Gelatine darf nie in kochende Flüssigkeit gegeben werden, weil sonst die Gelierkraft unwiderruflich zerstört wird.

Achtung: Gelatine nie über einen Obstkuchen aus Ananas, Kiwis oder Mangos geben – diese Früchte haben ein Enzym, das die Gelatine nicht fest werden lässt.

G wie Glasur

Überzug mit Doppelfunktion: Eine richtige Glasur lässt Torten und Kuchen leuchten und glänzen, schützt aber auch vor dem Austrocknen. Glasuren macht man zum Beispiel mit Schokolade, mit Eiweiß oder einer Mischung aus Puderzucker und Flüssigkeit.

H wie Hefe

Der kleine Sprosspilz wird abgepackt als Hefewürfel verkauft und macht viele Kuchen und Torten erst möglich. Durch einen Umwandlungsprozess im Teig wird dieser aufgebläht und dadurch locker.

Tipps für den Umgang mit Hefe: Der Teig braucht Luft, etwas Wärme, keinen Zug, ein wenig Wasser. Ist der Teig zu süß, hat die Hefe zu viel Mühe und geht nicht richtig auf. Das gilt auch, wenn im Teig zu viel Salz ist oder zu viel Fett.

I wie Idealtemperatur

Erkennt auch der erfahrene Bäcker erst nach mehrmaligem Backen. Wenn der Kuchen zu dunkel wird, innen aber noch nicht gar ist, war die Temperatur zu hoch. Die Temperaturanzeige der meisten Herde ist nicht verlässlich, darum verwenden Backprofis ein separates Backthermometer.

K wie Kakao

Backzutat mit dem typischen Geschmack. Kakaopulver bringt dunkle Farbe und schokoladigen Geschmack in den Teig. Reines Kakaopulver braucht Zucker zur Geschmacksentfaltung und muss stets luftig und trocken gelagert werden.

K wie Kuvertüre

Überzug aus Schokolade. Die Kuvertüre hat einen Kakaobutteranteil, der bei 31 Prozent liegt. Deshalb erstarrt die Kuvertüre relativ früh, was sie eine ideale Überzugschokolade sein lässt. Geschmacklich kann Kuvertüre nicht mit echter Schokolade mithalten.

K wie Küchenmaschine

Kann beim Backen gute Dienste leisten, ist aber nicht die beste Lösung für Kneten, Rühren und Schlagen. Beim Kneten mit der Hand gelangt oft mehr Luft in den Teig. Außerdem sind Hände sensibler als Knethaken und erkennen den Teig besser.

Gegen den Gebrauch einer Küchenmaschine ist nichts einzuwenden, um Arbeit zu sparen. Trotzdem sollte jeder Backfreund wissen, dass es nur die zweitbeste Lösung ist.

L wie Likör

Gibt Gebäck oft den richtigen Geschmack. Ich verwende zum Beispiel Likör lieber als künstliche Aromastoffe. Ein Amaretto im Mandelkuchen schmeckt besser als Mandelaroma, ein Kirschwasser im Kirschkuchen besser als künstliches Kirscharoma.

M wie Mehl

Eine der Grundzutaten beim Backen. Mehl ist gemahlenes Getreide.

Meist wird beim Backen Weizenmehl verwendet. Gesundheitsbewusste Backfreunde bevorzugen Vollkornmehl, das auch den Getreidekeim enthält.

THÜRNAUS  BACK-ABC

Das bekannteste Weizenmehl trägt die Typenbezeichnung „405". Die Zahl gibt an, wie viel Milligramm Mineralstoffe in - 100 Gramm enthalten sind.

Übrigens: Kuchen wird lockerer, wenn das Mehl gesiebt wird.

M WIE MELANGIEREN

Fachausdruck für „mischen" oder „unterziehen" im Gegensatz mit „einarbeiten" oder „durchkneten". Zum Beispiel wird steifer Eischnee in den Biskuitteig melangiert, damit er nicht wieder zusammenfällt.

M WIE MILCH

Flüssige Zutat für manches Backwerk und Rohstoff für Sahne, Quark, Joghurt, Butter.

Wer kann, benutzt Rohmilch vom Bauernhof oder aus dem Reformhaus, weil sie noch so schmeckt, wie Milch schmecken soll. Milch aus dem Supermarkt ist mehr und mehr ein genormtes Industrieprodukt.

M WIE MÜRBETEIG

Einer der Grundteige. Besonderheit: Er darf nicht lange geknetet werden. Vor dem Backen muss der Mürbeteig eine halbe Stunde im Kühlschrank ruhen. Böden aus Mürbeteig eignen sich besonders gut als Unterlagen für Obsttorten. Dazu werden sie „blindgebacken".

N WIE NASCHEN

Ist bei manchen Bäckern verpönt. Aber selbst Profis naschen gern, denn nur beim Probieren kann man feststellen, ob der Teig schmeckt.

O WIE OEL

Flüssiges Fett aus Früchten, Keimen, Nüssen, Samen, Kernen oder Schalen. Gibt manchem Kuchenteig den unverwechselbaren Geschmack und macht den Teig saftig. In südlichen Ländern ist Olivenöl eine der Hauptzutaten beim Backen.

O WIE OFEN

Ohne Ofen kein Backen. Bevor der Mensch den Backofen nicht erfunden hatte, duftete es nicht nach Kuchen und Torten. Wer perfekt backen will, braucht einen großen Ofen, in dem auch umfangreiche Kuchen Platz haben. Noch wichtiger als die Größe ist die Temperatur, die im Backofen erreicht wird. Billige Öfen werden nur noch 230 Grad heiß – und das ist für manchen Kuchen zu wenig.

Perfekt zum Backen sind Gasöfen, aber auch moderne Elektroherde tun gute Dienste. Achten Sie beim Kauf darauf, dass Ober- und Unterhitze getrennt geschaltet werden können. Und: Die Tür muss dicht schließen, sonst herrscht am Glas eine andere Temperatur als innen im Ofen.

Auf Zubehör wie „Selbstreinigung" verzichten echte Köche und Bäcker gern, wenn der Ofen dafür richtig heiß wird.

P WIE PATISSERIE

Fachausdruck für die Herstellung feinster Konditorwaren. In einem Restaurant ist der Patissier derjenige einer Küchenmannschaft, der sich um Kuchen, Torten, Eis, Pralinen und Desserts kümmert.

P WIE PFANNE

Auch dieses Küchengerät wird manchmal zum Backen gebraucht, zum Beispiel, wenn Nüsse angeröstet werden.

Q WIE QUALITÄT

Oberstes Gebot beim Backen. Wer nicht auf die Qualität von Sahne, Butter und den anderen Zutaten achtet, riskiert minderwertige Ergebnisse.

R WIE RAHM

Der fettreiche Teil der Milch, meist Sahne genannt. Je höher die Rahmstufe der Milch oder der Sahne, desto fettreicher ist sie.

R WIE REZEPT

Eine Anleitung zum Backen, an die sich der Bäcker aber nicht sklavisch halten muss. Rezepte sind Anregungen und sollen zum Ausprobieren verleiten. Hielte sich jeder nur genau an das Rezept, gäbe es keinerlei neue Kuchen. Erst durch Probieren entstehen neue Kuchen und Torten.

THÜRNAUS  BACK-ABC

R WIE ROSINEN
Sammelbegriff für Trockentrauben. Darunter fallen auch Korinthen und Sultaninen. Die meisten Rosinen, die wir zum Backen kaufen, sind geschwefelt und / oder geölt. Darum müssen sie vor dem Backen gewaschen werden.

Rosinen machen sich sowieso besser im Kuchen, wenn sie eingeweicht werden. Das kann in Wasser sein, leckerer wird es in Wein oder Cognac.

R WIE RÜHRTEIG
Einer der Grundteige beim Backen und sicherlich der problemloseste. Alle Zutaten werden zusammen gerührt. Backpulver sorgt im Rührteig für das Aufgehen. Alle Zutaten müssen bei Zimmertemperatur gemischt werden. Rührteig darf nach dem Mischen nicht stehen bleiben wie Hefeteig, er wird frisch verarbeitet.

S WIE SAHNE
Kalorienreiche Backzutat. Sahne wird meist geschlagen zu Torten oder Kuchen gereicht. Schlagsahne hat einen Fettgehalt zwischen 28 und 36 Prozent, je höher, desto leckerer schmeckt sie.

S WIE SALZ
Gibt manchen Kuchen erst den richtigen Kick. Ein Gugelhupf zum Beispiel braucht eine Prise Salz, die im Teig erst den echten Geschmack weckt. Durch Salz kommen manche Aromen erst zum Tragen.

S WIE SAUERTEIG
Backteig, in dem Hefe und Milchsäure gleichzeitig arbeiten. Natur-Sauerteig aus Roggenmehl wird zum Brotbacken verwendet. Die moderne Küche entdeckt den Weizen-Sauerteig auch für leichteres Backwerk.

S WIE SCHOKOLADE
Zutat beim Backen. Viele Kuchen werden mit der Zugabe von Schokolade gebacken, obwohl sie nicht Hauptbestandteil ist. Schokolade im Bananencake ist ebenso lecker wie Schokosplitter im Hefekuchen. Schokolade ist cholesterinfrei, hat aber einen großen Nährwert. Je höher der Kakaoanteil, desto höherwertiger ist die Schokolade und bitterer schmeckt sie aber auch.

Beim Backen wird Schokolade hautsächlich als Kuvertüre verwendet, die allerdings nicht den feinen Geschmack der Schokolade hat.

S WIE SCHÜSSEL
Behälter zum Teigkneten oder -rühren. Die Schüssel muss groß genug sein, damit Hände oder Rührgerät Platz haben. Verschließbare Schüsseln sind ungeeignet für Hefeteig, weil sie nicht genug Sauerstoff an den Teig lassen – lieber mit einem Tuch abdecken. Es sei denn, man hat eine spezielle Hefeteig-Schüssel mit variablem Deckel aus dem Fachhandel.

S WIE SÜSSSTOFF
Zuckerersatz in chemischer Form, zum Beispiel als Sacharin. Gibt es inzwischen als Pulver, Tablette oder sogar flüssig. Ersetzt die Süßkraft des Zuckers, aber nicht immer seine sonstigen Eigenschaften. Süßstoff spielt eine große Rolle in der kalorienbewussten Ernährung, muss beim Backen aber wohl überlegt eingesetzt werden.

T WIE TARTE
Dünner Blechkuchen, belegt mit Obst. Am bekanntesten ist die *„tarte tatin“* mit karamellisierten Apfelspalten.

T WIE TEIG
Grundmasse beim Backen. Im Prinzip nur die mit anderen Zutaten verfeinerte Mischung aus Mehl und Wasser. Teig muss geknetet oder gerührt werden, um die Masse geschmeidig zu machen. Roher Kuchenteig schmeckt manchen Naschkatzen, bekommt aber erst durch das Backen seine optimale Qualität.

T WIE TEMPERATUR
Muss beim Backen sorgfältig gewählt werden. Meist lohnt es sich, ein geeichtes Backthermometer anzuschaffen, weil die Temperaturen im Backofen nicht immer übereinstimmen mit den eingestellten. Im Backofen gibt es oft Temperaturunterschiede. Hinten ist es meist heißer als

THÜRNAUS  BACK-ABC

vorne an der Klappe, deshalb sollten die Backformen nach der Hälfte der Zeit gedreht werden.

U WIE UNTERHEBEN

Zwei Massen miteinander vermischen, ohne sie kräftig durchzurühren. Zum Beispiel wird steifer Eischnee vorsichtig unter den Biskuitteig gehoben, damit er nicht zusammenfällt.

V WIE VANILLE

Typisches Backaroma aus einer fermentierten Orchideenart. Der Hauptinhaltsstoff „Vanillin" verbindet sich ideal mit allem Süßen. Küchenprofis stecken Vanilleschoten mehrere Wochen in ein Zuckergefäß und stellen so selbst Vanillezucker her – der Zucker nimmt das Aroma auf.

Aber Achtung: Bei Vanille gibt es erhebliche Qualitätsunterschiede. Beste Qualität bietet die Bourbon-Vanille.

Für Kuchenteig verwendet man das Mark einer Vanilleschote. Dazu wird sie der Länge nach aufgeschnitten, dann kann das dunkle Mark herausgeschabt werden.

V WIE VOLLWERT-PRODUKTE

Weitgehend naturbelassene Produkte, zum Beispiel Vollkornwert-Mehl oder Rohmilch.

V WIE VORHEIZEN

Ist überflüssig in Heißluftöfen, egal ob es sich um einen Gas- oder Elektrobackofen handelt. Normale Gasherde sollten fünf Minuten vorgeheizt werden, Elektroherde etwas länger.

W WIE WEINSTEIN

Backzubehör, das man am besten in der Apotheke kauft. Macht Kuchen locker, übernimmt in Soufflés oder Biskuits oft die bindende Rolle des Mehls.

W WIE WEIZEN

Wichtigste Getreidesorte beim Backen. Für Kuchen verwendet man weißgemahlenes Weichweizen-Mehl.

Z WIE ZUCKER

Hauptzutat beim Backen. Ohne Zucker gelingt kein Kuchen. Zucker wird aus Zuckerrüben gewonnen, aber auch aus Zuckerrohr. Beim Backen wird die Süßkraft des Zuckers manchmal von anderen süßen Zutaten ersetzt, zum Beispiel durch Honig oder Ahornsirup.

Zucker gibt es in verschiedenen Sorten – aber keine davon hat gegenüber der anderen einen entscheidenden Vorteil. Brauner Zucker schmeckt angeblich natürlicher, Puderzucker ist feiner gemahlen und kann Glasuren feiner machen.

Z WIE ZUSATZSTOFFE

Haben für alle wahren Backfans nichts zu suchen im Kuchen. Zusatzstoffe nimmt die Backindustrie unter anderem zum Färben, Stabilisieren, Aromatisieren. In Fertig-Backmischungen kommen oft so genannte Backtriebmittel zum Einsatz.

Z WIE ZITRONE

Aus der Familie der Zitrusfrüchte. Die Schale der (ungespritzten) Früchte nimmt man zum Aromatisieren. Zitronensaft gibt oft einen Aroma-Kick. Bei Apfelkuchen verhindert er, dass geschälte Früchte vor dem Backen braun anlaufen.

Thürnaus toller Tipp:

Immer wenn Sie diesen Tipp sehen, gibt es was zu beachten. Dann gelingt der Kuchen ganz bestimmt!

Thürnaus
REZEPTE

THÜRNAUS SAGENHAFTE 15-EIER-TORTE

Okay, wenn Sie aktives Mitglied sind bei den Weight-Watchers oder wenn Ihnen Ihr Arzt eine cholesterinfreie Ernährung verschrieben hat, blättern Sie bitte weiter. Dann tun wir so, als hätte ich dieses sagenhafte Rezept nie geschrieben. Aber wenn Sie eine Torte genießen möchten, die saftig ist, fantasievoll und lecker, dann versuchen Sie sich an diesem Rezept.

Zunächst müssen wir den Biskuitboden backen, der später in zwei Teile geschnitten und gefüllt wird. Dazu das Mehl und den Zucker zusammen mit dem Backpulver in eine Schüssel sieben. Das darf auch gern zwei- oder dreimal sein. Je feiner das Mehl, desto lockerer der Boden. Eine Prise Salz hinzugeben und das ausgekratzte Mark einer Vanilleschote.

Die 15 Eier in Eiklar und Eigelb trennen. Das Eigelb wird roh verwendet und darum muss es bis zur Weiterverwendung unbedingt kalt gestellt werden. Rohe Eier bergen immer die Gefahr, dass sie Salmonellen enthalten. Darum: Vorsicht! Nur saubere Eier verwenden, die immer kalt gestanden haben.

Zehn der 15 Eigelb verrühren wir nun in der Mehl-Mischung. Kleiner Tipp aus der Praxis: Die Eigelbe nicht zusammen unterrühren, sondern nach und nach. Keine Ahnung warum, aber der Kuchen gelingt besser.

In einer zweiten Schüssel die 15 Eiweiß mit dem Weinstein-Pulver sehr steif schlagen. Das geht am besten mit der Hand, weil so mehr Luft in die Eiweiß-Masse kommt als mit einem elektrischen Mixer.

Zutaten:

Für den Teig:
300 Gramm Mehl
400 Gramm Zucker
15 Eier
1 Päckchen Backpulver
1 Prise Salz
1 Vanilleschote
1 Teelöffel Weinstein
(siehe Back-ABC)

Für Füllung und Belag:
250 Gramm Puderzucker
200 Gramm Süßrahmbutter
1 Gläschen Pflaumen- oder Kirschwasser
1 Prise Salz
und:
1 Tafel feinste Vollmilch-Schokolade

THÜRNAUS SAGENHAFTE 15-EIER-TORTE

Nun kommt der schwierigste Teil beim Backen. Die große Menge Eiweiß muss nach und nach vorsichtig unter die Mehl-Mischung gehoben werden. Wenn wir zu stark rühren, fällt das Eiweiß wieder in sich zusammen, darum löffelweise unterheben und vorsichtig rühren. Das wird eine Weile dauern, aber niemand hat ja behauptet, das Thürnaus sagenhafte 15-Eier-Torte ein Kinderspiel ist.

Die Masse kommt in eine gebutterte Springform und wird bei relativ niedriger Temperatur gebacken – ca. 60 Minuten bei 160 Grad. Der Boden sollte nicht zu dunkel werden, notfalls die Oberseite mit Alufolie abdecken.

Nach einer Stunde also den Ofen ausschalten, die Torte aber im Ofen auskühlen lassen. Wenn wir zu früh die Tür öffnen, fällt die von 15 Eiweiß herrlich locker gewordene Biskuitmasse zusammen.

Während der Boden also auskühlt, machen wir uns an die Füllung. Eine Metallschüssel in ein nicht zu warmes Wasserbad stellen. Die übrig gebliebenen fünf Eigelb schaumig schlagen, eine Prise Salz hinzugeben und den Puderzucker unterrühren. Wenn das Wasserbad zu warm ist, können die Eier gerinnen – also Temperatur kontrollieren und rühren wie ein Weltmeister.

Nun kommt das echte Fitnessprogramm:

Mit viel Kraft müssen wir die 250 Gramm Süßrahmbutter unter die Eier-Zucker-Masse rühren. Dazu muss die Butter weich, aber nicht flüssig sein. Kräftig rühren, und wenn alles schön verrührt ist, kommt noch ein Gläschen Alkohol dazu. Ich nehme sehr gern einen Pflaumenschnaps, aber es schmeckt auch mit Kirschwasser.

Die Schüssel vom Wasserbad nehmen und zur Seite stellen.

Wenn der Boden ausgekühlt ist, befreien wir ihn aus der Form und schneiden ihn mit einem scharfen Messer in der Höhe in zwei gleich große Teile. Besser als ein Messer geht es mit einem Metallfaden oder einem speziellen Tortenteiler, aber ich nehme auch immer ein scharfes Messer. Mit Vorsicht und Geduld haben wir bald die beiden Teile vor uns.

Den unteren Teil auf einen Teller stellen und die Schnittfläche ungefähr einen halben Zentimeter dick mit der Creme bestreichen. Wenn das zu schwer geht, ist die Creme zu kalt geworden, dann kurz über dem Wasserbad wieder anwärmen. Zum Streichen nehmen wir am besten ein langes Messer oder eine so genannte Palette. Die muss aus Metall sein, damit wir sie immer wieder in warmes Wasser tauchen können. Das erleichtert das Verstreichen.

Auf den bestrichenen unteren Boden setzen wir nun den oberen Teil – und nun sieht die Torte schon fast aus wie eine Torte. Rundherum bestreichen wir nun den Boden dünn und gleichmäßig mit der Creme.

Butter hat einen relativ niedrigen Schmelzpunkt. Darum haften auf der Creme auch jetzt sehr gut die Schokoraspeln, die wir aus einer Tafel feinster Vollmilchschokolade in einer Küchenmaschine selbst geraspelt haben.

Nun muss Thürnaus sagenhafte 15-Eier-Torte in den Kühlschrank, damit die Creme fest wird. Das dauert eine gute Stunde und danach können wir sie anschneiden und genießen. Sie schmeckt herrlich locker und cremig. Und so üppig die Zutaten auch klingen, so haben wir doch eine gute Gewissheit:

Nach einem Stück sind wir satt.

Leider.

SCHOKOLADEN-KUCHEN

Oft sind es die simplen Dinge im Leben, die uns unvergesslich bleiben. Zum Beispiel der Schokoladenkuchen, dessen Duft uns als Kind in die Nase wehte. Ein einfaches Rezept, schnell zubereitet – so klappt's auch mit dem Schokokuchen. Er ist so fluffig, dass er später den Magen nicht belastet. Ein Kuchen also, den man auch gern zum Dessert nach einem Menü essen kann. Im Gegensatz zu anderen Rezepten dieses Buches sind es nur wenige Zutaten.

Ein Kuchen, dessen Rezept also so einfach ist wie die simple Melodie eines Liedes. Aber es sind ja gerade die einfachen Lieder, die zum Evergreen werden. Zurück zum Schokokuchen:

Im Handel gibt es Backformen in Herzform – und wetten, dass sich nette Menschen freuen, wenn sie an besonderen Tagen diesen Schokokuchen als gebackenes Herz geschenkt bekommen?

Bevor aber sich Klein und Groß vor Begeisterung den Bauch reiben, ist etwas Mühe gefragt: Über einem Wasserbad bringen wir in einer Schüssel aus Metall die Butter zum Schmelzen. Mit einem Schneebesen wird die flüssige Butter dann leicht schaumig geschlagen, bevor wir eine Prise Salz dazugeben.

In die Butter kommt nun die Schokolade. Es sollte eine von der besten Qualität sein, mit möglichst hohem Anteil an Kakao. Infrage kommen also Bitter- oder Herrenschokolade. Keine Bange, im Kuchen und mit dem Zucker im Teig verliert die Schokolade ihre Bitterkeit. Haben Sie nur süße Vollmich-Schokolade im

Zutaten:

250 Gramm Zucker
125 Gramm Süßrahmbutter
6 Eier
1 Prise Salz
60 Gramm Mehl
250 Gramm Schokolade
etwas Puderzucker zum Bestäuben
evtl. 1 Glas Kirschwasser oder Cognac
evtl. Schlagsahne

SCHOKOLADENKUCHEN

Haus (zum Beispiel Reste von Weihnachten oder Ostern), reduzieren Sie einfach etwas die Menge an Zucker.

Die Schokolade also wird in der Butter geschmolzen und beides zusammen rühren wir schaumig. Wer mag, kann in diese Mischung jetzt ein Gläschen Alkohol geben. Kirschwasser bietet sich an oder ein anderer aromatischer Obstbrand. Es darf aber auch ein Cognac sein. Wer auf Alkohol verzichten will oder muss, geht gleich zum nächsten Schritt über:

Nun müssen nämlich die Eier getrennt werden. Das Eigelb kommt in eine kalte Schüssel und wird mit dem Zucker schaumig gerührt. Ist die Schüssel nicht kalt, kann das Eigelb gerinnen, also höchste Vorsicht. Ich empfehle immer, Eier und Eischnee mit der Hand zu schlagen. Es kommt dann mehr Luft hinein und diese Lockerheit schmeckt man im Kuchen. Also Zucker und Eigelb ein paar Minuten kräftig schaumig schlagen und zur Seite stellen.

In einer dritten Schüssel kann nun das Eiweiß verarbeitet werden, auch das geschieht in einer kalten Schüssel mit einem Schneebesen. Je steifer das Eiweiß jetzt wird, desto lockerer ist später der Kuchen. Die Mühe lohnt sich also.

Als kleine Stabilitätshilfe darf eine Prise Weinstein mit hinein. Weinstein, dieses Wunderpulver, dient als Mehlersatz. Da unser Kuchen ja später mit nur wenig Mehl gebacken wird, tut es im Eischnee gute Dienste.

Nun stehen vor uns drei Schüsseln mit leckerem Inhalt, die nun noch in der richtigen Reihenfolge vermischt werden müssen.

Zunächst geben wir in die geschmolzene Schokobutter das gesiebte Mehl. Kräftig rühren ist Pflicht und sorgfältig schauen, dass sich alle Klümpchen, die sich eventuell bilden, gut auflösen.

In die Mehl-Butter-Schoko-Mischung kommt nun der Inhalt der zweiten Schale, in der sich das schaumige Eigelb mit dem Zucker befindet. Wieder gut verrühren. Dass die Schale nicht mehr auf das Wasserbad darf, ist klar, oder?

Den Teig nun eine Minute ruhen lassen, dann kommt ganz vorsichtig aus Schüssel 3 das steif geschlagene Eiweiß hinzu. Mit einem Löffel ganz sacht unter den Teig heben und in eine ausgebutterte Form geben.

Die kommt nun in den Herd, bei ca. 190 Grad. Nach kurzer Zeit beginnt es, herrlich nach Schokokuchen zu duften. Wir müssen uns aber gedulden, denn der Kuchen braucht rund 45 Minuten, bis er gar ist. Danach vorsichtig aus der Form lösen und – wenn Sie es süß mögen – mit etwas Puderzucker bestäuben.

Geduldige warten jetzt, bis der Kuchen auf einem Gitter ausgekühlt ist. Naschkatzen essen den Schokokuchen warm. Und wer eine Kugel Vanilleeis auf dem noch warmen Kuchen leicht anschmelzen lässt und beides zusammen verzehrt, ist eine Stufe höher geklettert auf der steilen Leiter zum Genießer.

Thürnaus toller Tipp:

Bei Schokolade gibt es erhebliche Qualitätsunterschiede. Probieren Sie ruhig mal teure Schokolade mit geringem Kakaobutter-Anteil aus dem Feinschmeckerladen.

THÜRNAUS (ECHTER) GUGELHUPF

Den Namen kennt jeder, den wahren Gugelhupf kaum einer. Unter dem Namen gibt es viele verschiedene Kuchensorten, die in Konditoreien, meistens aber in Supermärkten angeboten werden. Manchmal verbirgt sich ein simpler Rührkuchen dahinter, manchmal auch ein viel zu süßer Marmorkuchen – selten aber ein goldgelbes, puderzuckerbestreutes und lockeres Hefegebäck.

Zwei Eigenschaften hat der echte Gugelhupf nicht: Er ist nicht süß und er ist nicht fest. Locker muss der Hefekuchen brechen und frisch gegessen schmeckt er am besten. Davor aber wartet eine Menge Arbeit auf den Gugelhupf, für den es die meisten Rezepte übrigens im Elsass gibt. Aber auch Österreicher und Schweizer beanspruchen den lecker-lockeren Gugelhupf für sich. Egal, machen wir uns ans Backen.

Die Hälfte der Milch ein wenig erwärmen und in einer Schüssel die Hefe darin auflösen. Vom Mehl zwei bis drei Löffel einrühren. Dieser Vorteig soll gerade noch flüsssig sein. Die Schüssel an einen zimmerwarmen Ort stellen und eine Stunde warten. Danach hat die Hefe das Volumen des Teiges verdoppelt.

Nach dieser Stunde in einer zweiten Schüssel den Rest des gesiebten Mehles mit Zucker und Salz verrühren, die ganzen, vorher leicht verquirlten Eier und die restliche Milch einrühren.

Nun heißt es: Kneten! Und zwar kräftig. Die Bäcker im Elsass schlagen die Teigkugel immer wieder mit Wucht auf die Arbeitsfläche – nicht aus Wut, sondern weil

Zutaten:

600 Gramm Mehl
100 Gramm Zucker
250 Gramm Butter
3 Eier
1 kleine Tasse Milch
100 Gramm Rosinen
1 Päcken Hefe
1 Tasse Mandelsplitter
1 Teelöffel Salz

Natürlich sollten alle Zutaten handwarm sein und das Mehl vorher gesiebt.

THÜRNAUS (ECHTER) GUGELHUPF

so viel Luft in den Teig kommt. Und die Luft macht nachher unseren Gugelhupf so fluffig. Also: Je länger der Teig geknetet wird, desto besser.

Dann ein kleiner Zwischenschritt, bevor noch mal zehn Minuten geknetet wird: Die weiche Butter kommt in den Teig. Sie soll nicht flüssig sein, aber schon warm genug, dass sie sich ohne Widerstand einarbeiten lässt. Wer statt guter Butter nur Margarine nimmt, wird um das echte Geschmackserlebnis eines Gugelhupfs gebracht.

Nach weiteren zehn Minuten Kneten also kommt die Hefe-Milch-Mischung in den Teig, die wir zu Beginn zur Seite gestellt hatten. Echter Genuss kostet wenig Geld, aber viel Arbeit. Darum: Noch mal kräftig durchkneten!

Nun ist der erste Schritt auf dem Weg zum perfekten Gugelhupf geschafft. Ist der Teig noch zu dünn oder klebt er zu sehr an den Fingern, darf noch ein Löffel Mehl dazu. Und dann muss der Teig gehen.

Dazu wird er in eine Schüssel gegeben, mit einem Leinentuch bedeckt und zur Seite gestellt an einen warmen Ort ohne Zugluft.

Während der Teig jetzt wenigstens eine Dreiviertelstunde aufgeht, widmen wir uns den Rosinen. Die schmecken besser, wenn wir sie ein wenig quellen lassen. Das kann in warmem Wasser sein oder in einem

Weißwein. Rosinen gibt es in unterschiedlicher Qualität. Für unseren Gugelhupf sind dic besten gerade gut genug – hell sollen sie sein, ungeschwefelt und saftig.

Während der Teig geht, haben wir schon die Gugelhupfform ausgebuttert und mit Mandelsplittern bestreut. Noch einmal wartet jetzt Arbeit auf uns: Den aufgegangenen Teig kneten wir noch einmal auf seine ursprüngliche Form zusammen und geben die Rosinen dazu. Nun ist der Teig fast fertig: Hinein in die Gugelhupfform. Der Teig wird die Form nicht ausfüllen – und das ist auch gut so. Denn der Teig in der Form muss nun noch einmal gehen, bis er fast aus der Form hinausquillt. Dazu ist Geduld gefragt. Die Hefe braucht Zeit zum Arbeiten und wir sollten ihr dazu wenigstens eine Stunde Zeit geben, vielleicht auch zwei Stunden.

Dann sind wir nur noch eine knappe Stunde entfernt vom fertigen Gugelhupf: Hinein mit der Backform in den Ofen, der auf 220 Grad vorgeheizt ist. Ein Stückchen Alufolie verhindert, dass der Kuchen an der Oberfläche zu braun wird. Nach ca. 50 bis 55 Minuten befreien wir den fertigen Gugelhupf zunächst aus dem Ofen, dann aus der Form und lassen ihn auf einem Gitter abkühlen, nachdem wir ihn mit ein wenig Puderzucker bestreut haben.

Frisch schmeckt der köstlich duftende Gugelhupf am besten. Und weil er nicht süß ist, passt er hervorragend zu einem Glas Weißwein. So genießen ihn die Feinschmecker im Elsass – und die sind ja quasi die Erfinder vom Gugelhupf.

Thürnaus toller Tipp:

Gönnen Sie gerade diesem Kuchenteig genug Zeit zum Aufgehen. Wer zu schnell backt, bringt sich selbst um den besseren Kuchen.

UNGEBACKENE KÄSETORTE

Deutschland ist das Land der Käsekuchen und Käsetorten – das habe ich jedenfalls kürzlich in der Zeitung gelesen. Der Name ist geläufig, aber auch irreführend. Genauso wie „Leberkäse“ weder Leber noch Käse enthält, ist der meiste Käsekuchen eher ein gebackener Quarkkuchen. Mir sind die meisten Käsekuchen zu trocken. Anders verhält es sich mit dem leckeren, saftigen, pikanten Käsekuchen, der unter dem Namen „New York Cheesecake“ in aller Welt bekannt ist.

Dieser Käsekuchen ist eigentlich eine Käsetorte – und die unterscheidet sich durch zwei wichtige Dinge vom normalen Käsekuchen: Sie schmeckt wirklich nach Käse und sie wird nicht gebacken, sondern nur angerührt.

Das macht ein wenig Arbeit, lohnt die Mühe aber allemal. Sie schmeckt einfach so, man kann aber auch frische Erdbeeren dazu essen. Im berühmten Café im Erdgeschoss des Trump Tower in New York kostet ein Stück Cheesecake so viel, wie wir für die komplette Torte ausgeben – vorausgesetzt, wir backen sie selbst.

Ein so simples Rezept verlangt – wie gesagt – Arbeit, aber auch allerbeste Zutaten. Wer die Möglichkeit hat, auf dem Bauernhof Molkereiprodukte oder im Feinkostladen Crème fraîche aus Frankreich zu besorgen, hat den ersten Schritt zur perfekten ungebackenen Käsetorte schon gemacht.

Zunächst bekommt die gute, alte Küchenmaschine endlich einmal Arbeit: Die Löffelbiskuits werden mit dem Mahlwerk fein zerkleinert und mit 25 Gramm

Zutaten:

18 Löffelbiskuit
125 Zucker
75 Gramm Butter
4 Eigelb
10 Blatt Gelatine (farblos)
200 Gramm Frischkäse
150 Gramm Crème fraîche
100 Gramm Hüttenkäse
1 Vanilleschote
1 unbehandelte Zitrone

UNGEBACKENE KÄSETORTE

Zucker verrührt. In einer Schüssel schmelzen wir über einem Wasserbad die Butter – sie darf keinesfalls braun werden. Ist sie gerade eben flüssig, rühren wir die Keks-Zucker-Mischung darunter. Butter und Kekskrümel müssen sich gut vermengen. Bevor die Masse kalt wird und sich nicht mehr formen lässt, verteilen wir sie auf dem Boden einer runden Springform, die wir gut eingefettet haben. Nicht nur der Boden muss bedeckt sein, auch an den Seiten ziehen wir den Rand ein bis zwei Zentimeter nach oben.

Diese Springform kommt nun nicht in den Ofen, sondern in den Kühlschrank. Unsere Käsetorte ist eine ungebackene Käsetorte und das gilt auch für den Boden. Im Kühlschrank wird die flüssige Butter nämlich wieder fest und bildet mit den Kekskrümeln und dem Zucker einen festen Boden – nicht eben kalorienarm, aber lecker.

Während der Boden also abkühlt und dabei fest wird, können wir uns der Käsefüllung widmen. In einer Schale weichen wir zehn Blatt Gelatine in kaltem Wasser ein. Das dauert ein wenig und wir können schon mal in einer Rührschüssel über einem heißen Wasserbad die Eigelb und die restlichen 100 Gramm Zucker aufschlagen. Dazu gehören Kraft und Ausdauer. Der Zucker muss sich völlig auflösen, die Mischung muss schön schaumig und dickflüssig sein. Die Schüssel vom Wasserbad nehmen und hinein kommt die eingeweichte und ausgedrückte Gelatine.

Nun folgt Fitnessprogramm zweiter Teil: Kräftig schlagen, bis sich die Gelatine völlig mit der Ei-Zucker-Mischung verbunden hat. Die Schüssel zur Seite stellen und in einer anderen Schüssel geht die Arbeit gleich weiter:

Thürnaus toller Tipp:

Die fertige Torte darf ruhig einige Zeit im Kühlschrank ziehen. Zum Verzehren sollten wir sie aber rechtzeitig aus dem Kühlschrank nehmen, denn sie schmeckt temperiert besser.

Wir vermischen den Frischkäse mit dem ausgekratzten Mark einer Vanilleschote, einem Spritzer Zitronensaft und der abgeriebenen Schale der Zitrone. Kräftig rühren, nach einiger Zeit wird die Masse schön glatt. Nun kommen noch der Hüttenkäse und die Crème fraîche hinzu.

Je besser hier die Ausgangsprodukte, desto besser später der Geschmack: Die Crème fraîche sollte einen kleinen, gelblichen Schimmer haben, der Frischkäse sollte möglichst naturbelassen sein.

Nach ein paar Minuten ist die Masse glatt gerührt und nun müssen wir nur noch die andere Schale dazugeben. Die Eimasse mit der Gelatine zügig unterrühren und dann wird die Füllung mit Löffel, Messer und Palette auf dem inzwischen fast fest gewordenen Boden verteilt.

Und nun: Ab in den Kühlschrank. Dort sollte unsere Käsetorte jetzt drei Stunden Zeit haben, damit sie fest wird und reift. Danach tauchen wir die Springform ganz schnell in heißes Wasser, damit sich Boden und Käsebelag lösen können. Wir können unsere ungebackene Käsetorte jetzt noch verzieren mit reifen Erdbeeren oder mit einigen Minzblättchen – oder sie einfach so verspeisen!

BLAUBEERKUCHEN

Kuchen und Obst – das ist seit jeher eine tolle Verbindung. Besonders dann, wenn die Früchte im Kuchen erst so richtig zur Geltung kommen. Blaubeeren sind so eine Obstsorte. In manchen Gegenden heißen sie auch Heidelbeeren oder Bickbeeren – und sie sind überaus gesund. Der Gehalt an Vitaminen ist hoch und die Wissenschaftler schätzen noch so manch andere Wirkung. Aber dies ist ja ein Backbuch, darum kommen wir zu den lukullischen Vorzügen: Blaubeeren sind nämlich nicht nur süß, sie haben schon von Natur aus eine schöne Säure.

Zwei Eigenschaften machen Blaubeeren zu einer idealen Backzutat: Die Hitze im Backofen verstärkt den Eigengeschmack von Blaubeeren und macht die zuweilen etwas zähe und harte Schale der rohen Früchte weicher.

Blaubeeren sind die wohl beliebteste Füllung für Muffins, die leckeren, kleinen Rührkuchen aus Amerika. Aber wir machen uns ein wenig mehr Arbeit und backen einen Blaubeer-Kuchen. Ein feine, dünne Kruste soll später die weiche, duftende Füllung umschließen. Das wird ein Kuchen, der warm genauso gut schmeckt wie kalt.

Die Böden sind schnell gemacht und können übrigens auch als Umhüllung verwendet werden für andere Kuchen.

Zwei Böden machen wir übrigens deshalb, weil der eine als Unterlage dient, der andere später auf den Boden und die Füllung als Deckel gesetzt wird.

Zutaten:

Für die beiden Böden:
500 Gramm Mehl
20 Gramm Zucker
200 Gramm Butter
2 Eigelb
1 kleine Tasse Milch
50 ml Milch
1 Spritzer frischer Zitronensaft
Salz

Für die Blaubeerfüllung:
1 Kilo reife Blaubeeren
250 Gramm Zucker, (möglichst Gelierzucker)
50 Gramm Mehl
50 Gramm Speisestärke
50 Gramm Süßrahmbutter als gekühlte Flöckchen
2 Spritzer Zitronensaft
evtl. 1 Gläschen Gin

BLAUBEERKUCHEN

In einer Schüssel verrühren wir handwarme Butter, Mehl und Zucker leicht miteinander und geben eine Prise Salz dazu. In einer zweiten Schüssel die Eigelb verquirlen, mit der Milch verschlagen und dann in die Mehlmischung geben. Besonders schmackhaft wird der Teig, wenn jetzt noch ein kräftiger Schuss frisch gepresster Zitronensaft hinzukommt. Nun muss kräftig geknetet werden.

Während Hefeteig ja ausgiebig Zeit braucht zum Gehen, wird ein Teig wie dieser umso besser, je frischer er verarbeitet wird. Darum teilen wir ihn in zwei Portionen und rollen eine davon zu einem dünnen Boden aus, der locker über den Rand einer runden, ca. zwei Zentimeter tiefen Backform passt. Der Teig muss später am Rand hochgedrückt werden und noch ein wenig überstehen, damit wir die beiden Böden später verbinden können.

Zum Ausrollen müssen Arbeitsplatte und Nudelholz natürlich gründlich bemehlt sein. Und für diesen Boden gilt, was für alle Böden gilt: Je öfter wir ihn ausrollen, wieder zusammenlegen und erneut rollen, desto besser wird der Boden. Die zweite Teigkugel ebenfalls ausrollen und zur Seite legen.

Die meiste Arbeit ist schon getan. Nun kommt nur noch die Füllung für unseren Blaubeer-Kuchen. Dazu mischen wir die 50 Gramm Mehl mit 50 Gramm Speisestärke und mit den 250 Gramm Zucker. Mit der Hälfte davon bestreuen wir den noch ungebackenen Boden in der Kuchenform. Darauf kommen nun die sorgfältig gewaschenen Blaubeeren, die wir mit dem Zitronensaft begießen.

Thürnaus toller Tipp:

Die Hülle dieses Kuchens kann man auch für andere Früchte verwenden. Geben Sie darauf acht, dass die Fruchtfüllung nicht zu flüssig wird, sonst weicht der Boden durch.

Nun noch den Rest der Zucker-Mehl-Mischung darüber geben – und als Krönung auf die Füllung kommen noch die Butterflöcken. Und wer mag, kann noch ein Gläschen Gin darüber gießen. Der Geschmack des Wacholders (und aus dem ist Gin ja gebrannt) harmoniert herrlich mit den Blaubeeren.

Nun kommt der zweite Teil des ausgerollten Teiges oben drüber, den wir in Größe der Backform rund zugeschnitten haben. Den überstehenden Teig des unteren Bodens in der Backform nach oben über den Teigdeckel schlagen und sorgfältig zusammendrücken. Nun sind die Blaubeeren fest eingehüllt.

Damit beim Backen Feuchtigkeit verdampfen kann und nicht den Teig aufweicht, wird die Oberfläche einige Male eingeritzt.

Alles zusammen kommt nun für 20 Minuten bei 230 Grad in den vorgeheizten Backofen. Danach die Temperatur zurückdrehen auf 180 Grad, den Kuchen mit Folie abdecken und weitere 30 Minuten backen.

Dann ist unser Blaubeer-Kuchen fertig und wir lassen ihn nur noch abkühlen. Ob Sie ihn noch warm essen oder erst richtig kalt werden lassen – egal!

THÜRNAUS APFELTRAUM

Natürlich kann ein Stück Torte eine komplette Mahlzeit ersetzen. Manchmal soll aber gerade ein Stück edles Backwerk den Abschluss eines Menüs bilden. Dann darf der Kuchen nicht zu schwer sein. Oder aber wir suchen einen kleinen Kuchen-Snack für zwischendurch – einen, der mit prallem Aroma die Geschmacksnerven kitzelt.

In Frankreich zum Beispiel gibt es dünne Apfel-Tartes, die ideal sind als Dessert. Gefertigt aus besten Äpfeln mit dünnem Teig – ein einfacher und doch genialer Genuss. Lust zum Backen? Dann müssen wir zunächst einkaufen,

Aus Mehl, Zucker, Butter und einem Eigelb kneten wir zunächst rasch einen Mürbeteig. Dazu nehmen wir nur die Fingerspitzen, denn wie jeder Mürbeteig darf auch dieser nicht lange geknetet werden. Manchmal – wenn zum Beispiel das Ei sehr klein war – lässt sich der Teig nicht richtig zu einer Kugel formen. In diesem Fall gebe ich immer einen Schuss Obstbrand dazu – und schon geht es.

Wer Alkohol nicht darf oder will, kann auch einen Teelöffel kaltes Wasser dazugeben. Mürbeteig muss ruhen, darum kommt die Teigkugel – mit einem feuchten Tuch zugedeckt – in den Kühlschrank. Dort bleibt sie mindestens eine Stunde.

Nach dieser Zeit die Arbeitsfläche einmehlen und den Teig dünn ausrollen – so dünn, dass er in der großen, flachen Backform (Durchmesser möglichst 28 bis 30 Zentimeter) höchstens drei bis vier Millimeter dick

Zutaten:

4–5 Äpfel (säuerliche Sorte wie Granny Smith oder Boskop)
100 Gramm Butter
200 Gramm Mehl
20 Gramm Zucker
1 Eigelb
1 Prise Salz
1 unbehandelte Zitrone
Quitten- oder Apfelgelee
1 Löffel Butter
1 Prise Salz
1 Gläschen Apfelbrand

THÜRNAUS APFELTRAUM

ist. Am Rand sollte der Teig angedrückt werden, damit sich später ein natürlicher Rand ergibt.

Nun kommt die Backform in den Ofen – und wird bei 170 Grad goldgelb gebacken (ca. 10 – 20 min). Der Teig kommt ja später mit den Äpfeln noch einmal in den Ofen, darum darf er jetzt noch nicht gar, geschweige denn braun werden.

Nach dieser Zeit raus mit dem Teig aus dem Ofen und abkühlen lassen. Diese Zeit nutzen wir, um die Äpfel zu schälen, zu teilen und vom Kerngehäuse zu befreien. Mit einem scharfen Messer schneiden wir dann dünne Apfelspalten. Das dauert für eine ganze Torte ein wenig und darum sammeln wir die Apfelspalten in einer Schale und beträufeln sie immer wieder mit Zitronensaft – das verhindert, dass sie braun anlaufen.

Schräg übereinander geschichtet belegen wir dann die Torte mit den Apfelspalten, ganz dicht und im Kreis, zuerst außen, dann innen. Nach und nach ist der Boden dann dicht mit den dünnen Apfelspalten belegt.

In einer kleinen Schale haben wir inzwischen einen Teelöffel Butter geschmolzen. Dazu geben wir einen großen Löffel Apfel- oder Quittengelee und ein Gläschen Apfelbrand in ein Schälchen. Sehr gut verrühren, bis es dünnflüssig ist. Dann diese Flüssigkeit noch warm mit einem Pinsel auf die Apfelspalten streichen.

Diese „Sonderbehandlung“ verfeinert nicht nur den Geschmack – die Feuchtigkeit verhindert auch, dass die Äpfel durch die Hitze austrocknen. Butter, Gelee und der Apfelbrand – das sind Aromen, die dem Apfelkuchen einen unvergleichlichen

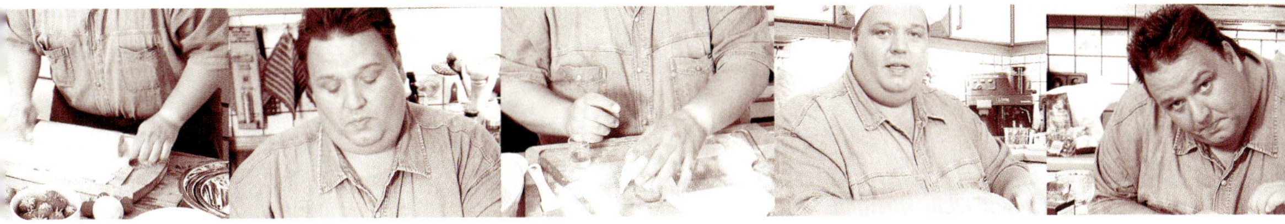

Geschmack geben. Und das bei der unscheinbaren Höhe: Vier Millimeter Teig plus geschichtete Apfelspalten – das sind nicht mehr als eineinhalb bis zwei Zentimeter –, aber die sind prall gefüllt mit Geschmack.

Nun muss unser Apfeltraum nur noch im Ofen gebacken werden – 30 Minuten bei 170 Grad. Mit einer Gabel in die Äpfel stechen – ist er noch nicht gar, bleibt er eben noch fünf Minuten länger im Ofen. Sollte die Oberfläche beim Backen zu trocken werden, können wir ihn noch mal mit Butter bestreichen oder mit Apfelbrand beträufeln.

Ja, und dann ist unser Apfeltraum auch schon fertig. Ich esse ihn am liebsten warm, aber natürlich kann ein geduldiger Esser auch warten, bis der Kuchen abgekühlt ist. Sahne ist dazu eigentlich nicht nötig, aber Genuss kennt bekanntlich keine festen Regeln.

Guten Appetit!

FRIESENTORTE

Ich gebe es zu: Die guten alten Zeiten waren gar nicht so gut. Aber es gab schon einen Vorteil für uns Feinschmecker. Die einfachen Kuchen und Torten vom Land schmeckten. In den guten, alten Zeiten verwendeten die Hausfrauen am Meer, in Friesland zum Beispiel, selbst gemachtes Pflaumenmus für ihre Friesentorte. Der Blätterteig dieser nordischen Kulttorte schmeckte nach Butter, die Sahne war sahnig. Heute gibt es Friesentorte sogar aus der Kühltruhe – und der Geschmack ist längst zur Nebensache geworden.

Wir Backfreunde kommen also nicht umhin, unsere Friesentorte selbst zu backen – jedenfalls dann, wenn wir nicht gerade in einem der Hofcafés an der Küste oder auf Amrum oder Sylt einkehren, in denen „Tradition“ nicht nur ein Werbeslogan ist.

Rezepte für Friesentorte gibt es wohl ebenso viele wie für Rote Grütze. Zu sagen, welches das beste ist, fällt naturgemäß schwer. Aber eines sollte klar sein: Kirschkompott gehört nicht in eine Friesentorte – Pflaumenmus muss es sein. Keines aus dem Becher, sondern selbst gemachtes, nicht so süßes.

Eine Glaubensfrage ist die Art des Bodens: Soll es nun ein Knetteig sein, aus dem die dünnen Böden gebacken werden? Oder nimmt man Blätterteig? Ich habe beides probiert, beides auch gebacken und finde, dass ein Knetteig besser zu den anderen Zutaten passt.

Das Pflaumenmus wird vorher separat gekocht. Das ist so einfach, dass es wirklich keinen Grund zum Kauf von

Zutaten:

Für die Böden:
250 Gramm Mehl
200 Gramm Süßrahmbutter
1 Ei
100 Gramm Crème fraîche
1 Teelöffel Backpulver
25 Gramm Vanillezucker

Für die Streusel:
200 Gramm Mehl
100 Gramm Zucker
125 Gramm Butter
1 Gläschen Pflaumenbrand oder Zwetschgenwasser
1 Teelöffel Vanillezucker
1/2 Teelöffel Zimt, gemahlen

Für das Pflaumenmus:
1 Kilo sehr reife Pflaumen
100 Gramm Zucker
1 Glas Pflaumenbrand oder Zwetschgenwasser

Für die Füllung:
1 Liter Sahne
2 Vanilleschoten
1 Esslöffel Zucker
Puderzucker

FRIESENTORTE

fertigem Pflaumenmus gibt. In eine flache Bratreine oder ofenfeste Pfanne geben wir ganz wenig Butter, verteilen darauf die entkernten und gründlich gewaschenen Pflaumen. Mit dem Zucker bestreuen und in den auf 240 Grad vorgeheizten Ofen schieben. Irgendwann beginnen die Pflaumen zu köcheln – das ist der Zeitpunkt, in dem wir die Temperatur zurückdrehen auf ca. 150 Grad. Die Pflaumen sollen nur ganz leicht kochen.

Die einzige Arbeit, die wir nun noch haben mit dem Pflaumenmus, ist das regelmäßige Umrühren. Nach zwei Stunden können wir noch ein Gläschen Zwetschgenwasser oder Pflaumenbrand in die Masse geben. Nach zweieinhalb Stunden ist unser Pflaumenmus fertig und kann abkühlen.

Nun kümmern wir uns um den Rest der Friesentorte. Das Mehl sieben und mit dem Backpulver vermischen. In einer Schüssel nun diese Mischung mit der handwarmen Butter, dem Mehl, dem Zucker, dem Ei und der Crème fraîche rasch miteinander verkneten und dann kalt stellen.

Aus dem Teig werden später vier Böden, die alle mit Streusel belegt werden – unsere Friesentorte ist ein wahres Meisterwerk. Für die Streusel mischen wir Butter, Mehl und Zucker mit einem Löffel Zimt und dem Vanillezucker. Mit den Fingerspitzen kneten und schließlich noch das Gläschen Pflaumenbrand dazugeben. Etwas stehen lassen und durch ein grobes Sieb drücken, damit die Masse feiner wird.

Thürnaus toller Tipp:

Pflaumenmus sollten wir immer selbst kochen. Eingemacht oder eingefroren hält es sich aber lange. So haben wir immer bestes Pflaumenmus für unsere Friesentorte.

Den gekühlten Knetteig nun in vier gleich große Kugeln teilen, mit Mehl bestäuben und mit einem Nudelholz dünn ausrollen. Der Teig muss eine große runde Backform füllen, am besten eine mit 28 Zentimeter Durchmesser. Auf dem Boden jetzt die Streusel verteilen und bei 220 Grad für eine Viertelstunde in den Ofen. Ob Sie in einem großen Ofen alle vier Böden gemeinsam backen oder in einem kleinen nacheinander – das ist völlig egal. Die Böden dann auskühlen lassen.

In der Zwischenzeit können wir die Sahne schlagen. Friesentorte ist kein Diätprodukt, darum sollte die Schlagsahne einen möglichst hohen Fettanteil haben – denn sie schmeckt einfach besser als ihre fettarme Variante. Je kälter übrigens die Sahne in die Rührschüssel kommt, desto steifer wird sie. Unter die geschlagene Sahne mischen wir noch das Mark der Vanilleschoten, das wir vorher mit dem Zucker verrührt haben.

Nun müssen wir die Einzelteile nur „zusammenbauen" – und fertig ist die Friesentorte. Drei der vier Böden werden mit einer Schicht Pflaumenmus bestrichen und dann mit einer Schicht der geschlagenen Sahne. Jeweils ein halber Zentimeter darf das schon sein. Dann setzen wir die drei bestrichenen Böden aufeinander und verzieren die Oberseite mit Sahne, die wir zuvor in eine Spritztüte gefüllt haben.

Den vierten Boden teilen wir jetzt noch mit einem scharfen Messer von der Mitte aus in 12 bis 16 gleich große Teile und setzen sie schräg auf die obere Sahneschicht (siehe Foto). Jetzt muss das Meisterwerk nur noch mit Puderzucker bestreut werden. Zur Friesentorte schmeckt Kaffee, Ostfriesentee und natürlich hinterher ein „Pfümli" oder Zwetschgenbrand.

GEFÜLLTE NUSSTORTE

Sie sind gesund, sie sind lecker und sie sind eigentlich keine typische Zutat in der deutschen Küche: Von Nüssen soll hier die Rede sein. Uns begegnen Nüsse entweder zu Weihachten oder im Studentenfutter – den meisten aber in Form von Brotaufstrich (Nutella) oder zwischen zwei Waffeln in der Haselnusstafel namens „Hanuta".

Delikater als Erd- oder Haselnüsse sind Walnüsse. In Frankreich ist Salat mit gerösteten Walnüssen eine Delikatesse, im Libanon oder Syrien gibt es eingelegte Walnüsse als Dessert. Sogar Marmelade aus Walnüssen kann der Feinschmecker kaufen.

Wir wollen die Walnüsse aber zu einer Torte verarbeiten. Nicht zu einem beliebigen Kuchen, in dem Nüsse nur dem Teig zugesetzt werden.

Die gefüllte Nusstorte wird am besten in der Schweiz zubereitet, dort besonders in Graubünden und im Engadin. Diese Torte ist eine der Leckereien, die der wahre Feinschmecker erst mal einen oder zwei Tage reifen lässt, bevor er sie anschneidet.

Das Rezept ist eigentlich ganz einfach, es macht nur etwas Arbeit. Die Hülle unserer Torte bildet ein Mürbeteig. Das ist rasch erledigt, denn dieser Teig darf nicht lange geknetet werden. Das Mehl, die Butter, die Hälfte vom Zucker und die beiden Eier mit der abgeriebenen Zitronenschale vermengen, kurz kneten und dann zu einer Kugel formen. Die kommt in eine Schale, wird mit einem Tuch zugedeckt und muss eine Dreiviertelstunde im Kühlschrank ruhen.

Zutaten:

- 400 Gramm Mehl
- 250 Gramm Butter
- 500 Gramm Zucker
- 2 Eier
- 400 Gramm Walnüsse
- 100 Gramm Honig
- 250 Gramm Schlagsahne
- 1 unbehandelte Zitrone

GEFÜLLTE NUSSTORTE

In der Zwischenzeit knacken wir die Nüsse. Das muss sorgfältig geschehen, damit später in der Tortenfüllung nicht die scharfkantigen Schalen den Genuss trüben. Wir brauchen 400 Gramm der Walnusskerne – also haben wir viel Arbeit. Dafür ist der Geschmack ungleich besser, als bei der Verwendung gehackter Nüsse aus der Tüte. Alle Kerne werden sorgfältig gesäubert, dann kommen sie unter das Messer und werden grob gehackt.

Wer eine Küchenmaschine zum Zerkleinern nimmt, muss auf eine grobe Mahlstufe achten. Es sollen durchaus noch ein paar erbsengroße Stücke in der Füllung sein.

Der Rest des Zuckers wird dann in einer großen Pfanne leicht angeschmolzen („karamellisiert"). Achtung: Er soll nicht dunkel werden. Wenn der Zucker zu schmelzen beginnt, kommen rasch die Nüsse dazu, dann der Honig.

Alles gut verrühren und mit der möglichst dickflüssigen Sahne ablöschen. Noch ein wenig köcheln lassen, damit die Masse nicht mehr zu flüssig ist. Dann vom Feuer nehmen und leicht abkühlen lassen.

In der Zwischenzeit ist unsere Mürbeteigkugel genug gereift und wird in drei gleich große Teile getrennt. Zwei davon mit einem Nudelholz auf einem bemehlten Brett ausrollen und in eine eingefettete Springform legen. Den Teig dabei locker andrücken. Auf diesen Boden kommt nun die noch leicht warme Nussmasse.

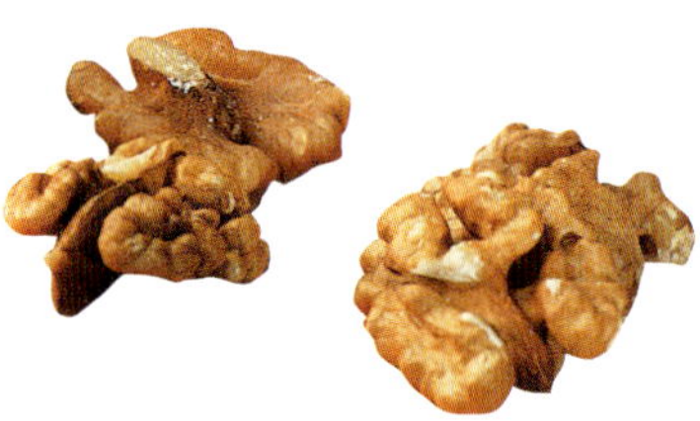

Die dritte Teigkugel muss nun noch zu einem runden Deckel für die Nusstorte ausgerollt werden. Dieser Deckel kommt dann oben auf den Boden und die Füllung – gut andrücken und mit einer Gabel mehrfach einstechen.

Bei 170 Grad kommt die Nusstorte nun in den vorgeheizten Ofen – für knapp 60 Minuten. Auf die Oberseite kann man vor dem Backen noch etwas Butter streichen.

Nach dem Backen die gefüllte Nusstorte kurz abkühlen lassen, dann vorsichtig aus der Form lösen. Nun muss sie reifen, wenigstens einen Tag in einem kühlen Raum und gut abgedeckt – auch im Kühlschrank geht es, wenn Sie die Torte oben hineinstellen. Ob Sie die Torte nun wieder in die Form stellen oder in Alufolie wickeln, ist nach meiner Erfahrung egal. Wichtig ist nur, dass sie vor dem Verzehr ins Warme gestellt wird.

Guten Appetit beim ersten Biss in diese saftige Nusstorte.

Thürnaus toller Tipp:

Man kann diese Torte auch etwas verändern, wenn man sie nach dem Backen mit einer Schokoglasur überzieht.

BUTTERKUCHEN

Wenn es nach mir ginge, würde bei der jährlichen Verleihung der Nobelpreise auch ein Koch oder Bäcker ausgezeichnet. Denn was muss das für ein weit denkender Mensch gewesen sein, der vor langer Zeit einen Hefeteig ausrollte, Löcher reindrückte, die Löcher mit Butter und Zucker füllte und einen Becher Sahne drübergoss? Es war ein Genie des Geschmacks. Satt werden kann man auch anders, wenn man Mehl und Hefe und Zucker hat. Der Erfinder des Butterkuchens ist für mich einer der möglichen Preisträger eines Back-Nobel-Preises.

Butterkuchen ist simpel, genial – und leider wird sein Name oft missbraucht. Vielen dieser traurigen Riesenstücke, die wir bei manchen Bäckern bekommen, fehlt einfach alles: Bereitet mit Margarine statt Butter, oft ohne Hefe, bei zu wenig Hitze gegart.

Mit Butterkuchen, der in manchen Gegenden Zuckerkuchen genannt wird, konnte man mich früher jagen. Irgendwann kam ich seinem Geheimnis auf die Spur und heute ist er für mich ein genialer Kuchen – wenn man ihn richtig backt und die richtigen Zutaten nimmt.

Dass er umso besser gelingt, je heißer der Ofen wird, das habe ich im Vorwort beschrieben. Butterkuchen ist gehaltvoll, ersetzt also ein Frühstück oder eine andere Mahlzeit. Denn nach einem Stück wird niemand vernünftig sein und auf das zweite verzichten. Oder das dritte. Oder das vierte …

Zutaten:

450 Gramm Mehl
0,4 Liter Vollmich
1 Würfel Hefe
1 Ei
150 Gramm Süßrahmbutter
150 Gramm Zucker
1 Prise Salz
0,2 Liter flüssige Sahne

Die Hefe mit etwas angewärmter Milch, einem Löffel Zucker und etwas Mehl verrühren und für eine Viertel-

BUTTERKUCHEN

stunde an einen warmen, zugfreien Ort stellen. Die Hefe macht den Butterkuchen fluffig, darum müssen wir ihr optimale Bedingungen zum Arbeiten geben. Gut handelt, wer auf die Schale ein dünnes Leinentuch legt. Das lässt keinen Zug an die Hefe-Mischung kommen, lässt aber genug Sauerstoff heran – denn Sauerstoff braucht die Hefe zum Arbeiten.

In einer Schüssel den Rest vom Mehl, 100 Gramm Zucker, eine Prise Salz und 150 Gramm der handwarmen Butter miteinander verkneten und schließlich das ganze Ei zugeben. Anfangs wirkt es, als wäre dieser Teig zu dünn. Aber keine Sorge: Der Teig vom Butterkuchen muss sehr klebrig sein. Das wird er auch spätestens dann, wenn wir jetzt die Hefe-Mischung hinzugeben, die inzwischen das Volumen verdoppelt haben dürfte. Nun wird geknetet – und zwar mit den Händen. Das kostet Mühe, denn der Teig scheint sich zu wehren. Je mehr wir ihn durch die Finger gleiten lassen, desto besser vermischen sich die Zutaten und desto besser kann die Hefe ihre Arbeit verrichten.

Den Teig zur Seite stellen und wiederum eine Viertelstunde gehen lassen. In der Zwischenzeit bereiten wir alles vor zum Backen. Ein Backblech mit Backpapier auslegen oder gut einfetten. Darauf kommt jetzt der Teig. Das macht ein wenig Mühe, denn die halbfeste Masse klebt sehr stark. Mit einem eingeölten oder nass gemachten Teigschaber geht es aber ganz gut.

Die Oberfläche muss nicht völlig glatt sein, schließlich backen wir hier keinen Butterkuchen in industrieller Fertigung, bei dem ein Stück aussehen muss wie das andere. Aber fertig sind wir trotzdem noch nicht, wenn der klebrige Teig auf dem Blech verteilt ist. Zunächst muss er zum Gehen an einen warmen Ort gestellt werden. Und dann lassen wir ihm eine Stunde Zeit. So lange braucht er, bis er herrlich aufgegangen ist.

Dann können wir den Backofen vorheizen, und zwar so heiß, wie es geht. Am besten gelingt der Butterkuchen in Holzöfen, die über 350 Grad heiß werden können. Das schafft kaum ein Elektroherd in

der privaten Küche. Aber egal, wichtig ist es, den Herd so heiß zu stellen, wie es eben geht.

Während der Ofen aufheizt, machen wir mit dem aufgegangenen Teig das, was aus Hefekuchen einen Butterkuchen macht: Mit einem Messerrücken stechen wir kleine Dellen in den Teig. So tief, dass man eine Murmel drin aufbewahren könnte, aber eben nicht bis zum Boden durchstechen. Wie viele Dellen es werden, muss Ihr Gefühl entscheiden. Ich mache es ohne Maßband in 5 Zentimeter Abstand. Und ich verrate Ihnen noch etwas: Ich nehme keinen Messerrücken, sondern die Fingerspitze.

In jede dieser Dellen kommt nun ein Stück Butter. Es soll beim Backen schmelzen und mit dem Zucker, den wir noch darüber streuen, leicht karamellisieren. Das erst gibt diesem Hefekuchen den typischen Geschmack. Also, Butter in die Dellen, den gesamten Teig auf dem Blech mit Zucker bestreuen und ab in den Ofen. Dort bleibt er nicht lang, 8 bis 10 Minuten etwa, dann ist er schon fast fertig – aber eben nur fast. Wir öffnen den Ofen rasch und geben mit einer Schöpfkelle oder direkt aus einem Krug die flüssige Sahne über den Teig – schön gleichmäßig.

Dann Klappe zu und den Teig weitere 5 Minuten bei der größtmöglichen Hitze backen. Durch das Fenster im Ofen kann man sehen, wie sich die Oberfläche verändert. Aus hell wird hellbraun, die Sahne köchelt vor sich hin, aus Zucker und Butter wird Karamell und der Teig hat enorm an Höhe gewonnen.

Nun muss der Kuchen nur noch aus dem Ofen und dann zeigt sich, wer sich unter Kontrolle hat. Vernünftige Menschen warten, bis der Kuchen fast abgekühlt ist.

Gierige Genießer wie ich essen ihn noch warm direkt vom Blech.

BLÄTTERTEIG-TÖRTLEIN MIT GEFÜLLTEN ERDBEEREN

Um diese Köstlichkeit zu beschreiben, muss ich ein wenig flapsig werden: Ein „Happs" und sie sind weg. Eher eine kleine, feine Leckerei als eine Torte. Schon von der Größe her sind es eher viele kleine Törtlein – so ungefähr von der Größe einer riesigen Praline. Sie zu machen kostet etwas Mühe. Aber wer hat behauptet, dass Genießen eine einfache Sache ist?

Ganz entscheidend sind die Zutaten! Wer bei diesem Rezept Kompromisse eingeht und zweite Wahl kauft, wird um den Genuss gebracht. Das gilt besonders für die Erdbeeren. Hier ist es den Züchtern gelungen, besonders geschmacklose Riesenexemplare mit dicker Schale zu züchten. Das freut zwar den Filialleiter im Supermarkt, der die Früchte länger lagern kann. Nicht aber den Genießer.

Beim Erdbeerkauf muss man sich auf Nase und Auge verlassen. Erdbeeren reifen grundsätzlich nicht nach. Was grün in der Schale liegt, bleibt auch grün. Also dürfen wir nur rote, reife Früchte kaufen. Und riechen muss man an den Beeren. Reife, gute Erdbeeren duften süß und lecker. Wer auf dem Markt kauft oder beim Erdbeer-Bauern, darf oftmals auch probieren.

Wenn die Erdbeeren dann am heimischen Herd sind, müssen sie kurz und kräftig abgespült werden. Aber bitte mit Stiel, sonst verlieren sie im Waschwasser an Aroma. Aber der Reihe nach. Zunächst gehen wir einkaufen.

Zuerst werden die Erdbeeren gewaschen und auf ein Küchenpapier gelegt, damit sie abtropfen. Wasser kann

Zutaten:

200 Gramm Blätterteig (aus der Tiefkühltruhe)
50 Gramm Süßrahmbutter
250 Gramm Schlagsahne
1 Vanilleschote
500 Gramm reife, ganze, frische Erdbeeren mit Stiel
200 Gramm feinste, herbe Schokolade
100 Gramm Zucker
evtl. 1 Glas Obstbrand
100 Gramm gehackte Mandeln
1 Bund frische Minze oder Zitronenmelisse

BLÄTTERTEIG-TÖRTLEIN MIT GEFÜLLTEN ERDBEEREN

jeden Geschmack zunichte machen, weil es die Aromen verwässert. Also sorgfältig trocken. Das geht auf dem Küchenpapier prima und wir haben ja genug Arbeit, während die Beeren in Ruhe trocknen.

Zum Beispiel die Mandeln. Gehackte Mandeln aus der Tüte sind nur die zweitbeste Lösung. Besser ist es, Süßmandeln zu schälen und in einer heißen Pfanne ohne Fett kurz anzurösten. Nachdem sie kurz abgekühlt sind, können sie mit einem Nudelholz oder in einer Küchenmaschine zerkleinert werden. Da die Mandelsplitter später in unsere Füllung sollen, können sie sehr fein gehackt werden.

Nun kommt die schweißtreibende Arbeit mit dem Blätterteig. Ich gebe zu: Ihn selbst herzustellen ist so aufwändig, dass ich meist davor zurückschrecke. Andererseits ist der fertige Blätterteig aus dem Supermarkt, der als Tiefkühlware angeboten wird, nicht lecker genug. Das liegt daran, dass der Fertigteig nicht mit Butter hergestellt wird, sondern meist mit Rindertalg oder anderen Fetten. Diesem Blätterteig fehlt das Aroma echter Butter und da können wir zu einem Trick greifen.

Wir nehmen zwei aufgetaute Scheiben vom Blätterteig, bestreichen die eine davon mit etwas Butter. Dann die andere Scheibe passgenau drauflegen und ausrollen. Und zwar so lange, bis der doppelte Blätterteig seine ursprüngliche Dicke erreicht hat. Aber Achtung: Blätterteig darf natürlich nicht mehr geknetet werden.

Mit einem Messer schneiden wir den dünn ausgerollten Blätterteig in ca. 5 x 5 Zentimeter große Stücke. Auf einem Backblech verteilen wir nun so viele feuerfeste Schnapsgläser, wie wir Törtlein machen wollen.

Über die umgestülpten Gläser legen wir den Blätterteig und schieben das Blech bei 220 Grad in den vorgeheizten Ofen. Die Gläser haben wir außen leicht eingefettet. Der Teig fällt beim Backen nun über die Glasränder Richtung Backblech und bildet somit kleine natürliche Förmchen. Wird der Blätterteig schön braun, raus damit aus dem Ofen und erkalten lassen. Dann vorsichtig lösen und mit der Öffnung nach

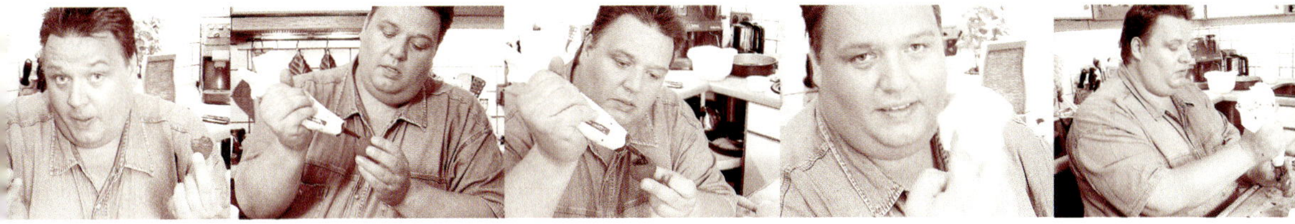

oben aufstellen. Denn in diese natürliche Blätterteigform hinein kommt nun die gefüllte Erdbeere.

Dazu haben wir in einem Wasserbad einen Löffel Butter und die Schokolade geschmolzen und lange gerührt. Da hinein kommen die fein gehackten Mandeln, zwei Esslöffel flüssige Sahne, die Hälfte des Zuckers und – wenn Sie mögen und dürfen – ein Gläschen Obstbrand. Das kann ein Kirschwasser sein oder ein anderer, dessen Geschmack zu Erdbeeren passt.

In Portugal gibt es ein Obstwässerchen namens Medronho, gebrannt aus wilden Erdbeeren – der wäre hier natürlich ideal.

Diese Masse muss nach langem Rühren in der Schale jetzt etwas abkühlen. In dieser Zeit bereiten wir die Erdbeeren auf die Füllung vor: Dazu nehmen wir den Ansatz des grünen Stiels und drehen ihn mit Schwung tief aus der Erdbeere heraus. Mit der Rückseite eines Messers drücken wir dann noch in die Öffnung hinein, sodass in der Erdbeere eine kleine Vertiefung entsteht.

Die Schoko-Mandel-Masse kommt nun in eine Spritztüte und wird dann vorsichtig in jede der Erdbeeren gespritzt. Die Erdbeeren dann zur Seite stellen, damit die Masse erkaltet. Das darf aber nicht im Kühlschrank sein, denn dort verlieren Erdbeeren schnell an Aroma.

Nun müssen wir nur noch die Sahne sehr steif schlagen und leicht mit dem Rest Zucker süßen. Und auch das Mark der Vanilleschote muss in die Sahne hinein.

Nun sind alle Zutaten bereitet und wir müssen unsere Blätterteig-Törtlein mit gefüllten Erdbeeren nur noch „zusammenbauen“. In jede Blätterteig-Form kommt ein Löffel gesüßte, steife Schlagsahne, darauf eine der gefüllten Erdbeeren und ganz obendrauf ein Blatt Minze oder Zitronenmelisse.

Wie gesagt: Ein „Happs“ und sie sind weg. Beim nächsten Mal werden Sie wahrscheinlich die doppelte Zahl zubereiten, denn die Mühe hat sich gelohnt.

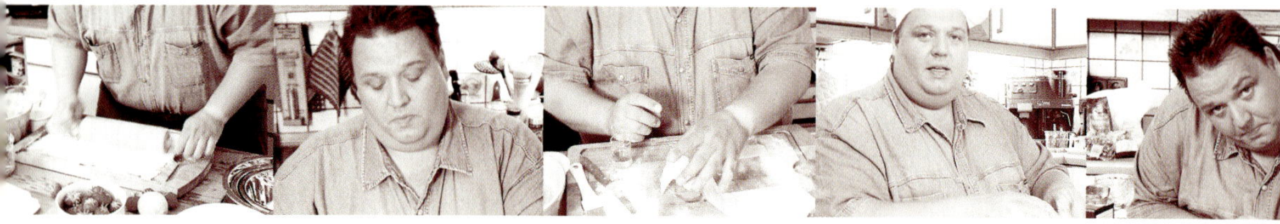

APRIKOSENTORTE NACH MALLORQUINER ART

Wenn einer eine Reise tut, dann kommt er nach Hause und schwärmt von einer Spezialität, die er sein Leben nicht vergessen wird. Wie oft habe ich zu Hause versucht, ein Gericht aus dem Urlaub nachzukochen. Oft mit Erfolg, oft aber endete der Versuch in dem Seufzer: „Das war aber im Urlaub besser."

Es ist nicht nur die Urlaubsstimmung, die uns gegrillten Tintenfisch, süßen Aprikosenkuchen oder einen französischen Anisschnaps in der Ferne besser munden lässt. Oft sind es ganz rationale Gründe: Der Pastis unter einer Eiche in der Provence schmeckt besser, weil das Wasser weicher und reiner ist als aus einer deutschen Leitung.

Gegrillte Sepia ist auch etwas anderes, als die unsäglichen panierten Tintenfischringe, die deutsche Gastronomen anbieten. Und die Aprikosentorte aus der Bäckerei auf Mallorca stammt halt nicht aus einer Backmischung.

Und bei diesem Stichwort sind wir wieder bei einer von meinen tollen Torten: Aprikosentorte nach Mallorquiner Art. Was also macht sie unwiderstehlich?

Beim Vergleich fällt gleich einiges auf: Der Teig ist nicht so süß wie bei uns, dafür wird die fertige Torte dick mit feinstem Puderzucker bestäubt. Die Aprikosen gleichen nicht den gesüßten Früchten, die bei uns auf den Fertigboden kommen. Sie sind unregelmäßiger, weil frisch zubereitet. Die halben Früchte liegen mit der Öffnung nach oben auf dem Kuchen und bieten so eine natürliche Höhle für Zucker, der im Ofen leicht karamellisiert.

Zutaten:

1 gutes Kilo reife Aprikosen
200 Gramm Zucker für den Teig
50 Gramm Zucker für die Füllung der Aprikosen
200 Gramm Mehl
3 Eigelb
1 Tasse Olivenöl
20 Gramm Schweineschmalz
1/2 Päckchen Backpulver
100 ml Aprikosensaft
1 unbehandelte Zitrone
1 Tasse Wasser
Puderzucker zum Bestäuben

APRIKOSENTORTE NACH MALLORQUINER ART

Auf zwei weitere geschmackliche Unterschiede kommt man, wenn man den Bäcker im Urlaub einfach fragt. Die Mallorquiner geben gerne Auskunft: Im Teig sind Olivenöl und Schweineschmalz verarbeitet. Beides gibt dem Aprikosenkuchen einen wunderbaren Geschmack.

Machen wir uns an die Arbeit. Die Aprikosen sollen natürlich nicht aus der Dose kommen. Die sind nämlich ausnahmslos gezuckert, zu süß also für unsere Aprikosentorte, die ihre Süße erst bei der Zubereitung bekommt. Und natürlich sollen sie nicht fest und groß sein wie eine Bowlingkugel, sondern möglichst klein und reif und saftig. Die Früchte werden gewaschen, in der Hälfte geteilt und entsteint.

Für den Boden rühren wir in einer Schüssel den Zucker in den Aprikosensaft und geben Eigelb und Öl hinzu. Mit einem Löffel so lange rühren, bis die Masse cremig ist und sich der Zucker aufgelöst hat. Je besser das gelingt, desto besser schmeckt nachher der Boden. Nach und nach wird dann das Mehl eingearbeitet, das Backpulver und schließlich das Schweineschmalz.

Backen ist Arbeit und natürlich gelingt der Kuchen auch, wenn wir eine Küchenmaschine rühren lassen. Es ist aber nur die zweitbeste Lösung, weil das Kneten mit der Hand intensiver ist. Man bekommt auch besser mit, ob der Teig die richtige Konsistenz hat. Es ist kein Hefeteig, darum muss er weich bleiben. Klebt er gerade noch an den Fingern, ohne flüssig zu sein, ist er gerade richtig. Wir können ihn in eine flache, gut eingebutterte Kuchenform geben. Ob die rund ist oder eckig – völlig egal. Den Teig an der Seite gegen die Form hochdrücken, sodass ein kleiner Rand entsteht.

Auf dem Boden verteilen wir jetzt dicht an dicht die Aprikosen, und zwar mit der Öffnung nach oben. Das sieht nicht nur ungewöhlich aus im Vergleich zu den anderen Aprikosenkuchen, bei dem sich die glatte Außenseite nach oben wölbt. Es hat noch einen entscheidenden Vorteil. Unsere Aprikosen sind ja frisch und nicht gesüßt. Deshalb

können wir in die kleine Vertiefung, in der sich mal der Kern befand, einen Teelöffel Zucker füllen. Die Oberfläche nun noch mit etwas Zitronensaft beträufeln.

Das war auch schon die ganze Kunst. Den Kuchen jetzt bei 230 Grad in den vorgeheizten Ofen schieben. Der Zucker wird herrlich in den Vertiefungen der Früchte karamellisieren. Das dauert so ungefähr 30 Minuten. Dann ist unser Aprikosenkuchen fertig. Wir lassen ihn ein wenig abkühlen und bestreuen ihn dick mit Puderzucker.

Noch leicht warm schmeckt er am besten. Sahne können wir uns sparen, so aromatisch wie er schmeckt. Aber eine Kugel Vanilleeis im Sommer leicht auf dem Kuchen antauen lassen – nun ja, das ist sicherlich keine Sünde.

Thürnaus toller Tipp:

Probieren Sie an einem lauen Sommerabend doch mal ein Glas kalten Weisswein zur Aprikosentorte – keine klassische Kombination, aber eine sehr leckere.

ALTLÄNDER KIRSCHTORTE

Das Alte Land bei Hamburg ist das größte zusammenhängende Obstanbaugebiet in Deutschland. Klar, dass die Menschen dort seit Generationen ihr Obst nicht nur verkaufen, sondern auch selbst an besonderen Tagen verzehren. Zum Beispiel in den Obstkuchen des Alten Landes.

Hier ist das Rezept einer Torte, die locker den höchsten kulinarischen Ansprüchen genügt.

Die Altländer Kirschtorte ist Hochgenuss, Augenschmaus und Kalorienbombe in einem. Und sie ist relativ schwierig und aufwändig zu backen, weil wir verschiedene Böden brauchen und sogar den Kirschsirup selbst herstellen. Im Gegensatz zum Kirschkuchen in diesem Buch verarbeiten wir in der Kirschtorte übrigens keine ganzen Kirschen, sondern nehmen nur das Aroma aus Kirschsirup und Kirschwasser. Also, an die Arbeit.

Zunächst kochen wir den Sirup. In einem Topf bringen wir das Wasser zum Kochen, geben die entsteinten Sauerkirschen und den Zucker zu und lassen alles eine halbe Stunde leicht kochen. Die zerkochten Kirschen dann erst durch ein Sieb streichen, danach durch ein Leintuch geben. Zurück im Topf lassen wir die Flüssigkeit einkochen, bis ein dickflüssiger Sirup entsteht. Das Kirschwasser dazugeben, aufkochen lassen, und noch mal einkochen lassen. Diesen intensiven Sirup lassen wir im Topf abkühlen.

Nun geht es ans Backen. Wir brauchen zwei Haselnussböden, eine Art Biskuitmasse mit gemahlenen Nüssen.

Zutaten:

Für den Kirschsirup:
1 Kilo Sauerkirschen
50 Gramm Zucker
10 cl Kirschwasser
10 cl Wasser

Für die Haselnussböden:
5 Eiklar
100 Gramm Zucker
50 Gramm Weizenpuder
1 Prise Salz
100 Gramm gemahlene Haselnüsse

Für den Biskuitboden:
5 Eier
100 Gramm Zucker
100 Gramm Mehl
1 Teelöffel Vanillezucker

Für die Füllung:
250 Gramm Butter
5 Eigelb
300 Gramm Puderzucker
4 cl Kirschwasser
10 cl Kirschsirup

Für die Verzierung:
Puderzucker
Krokant

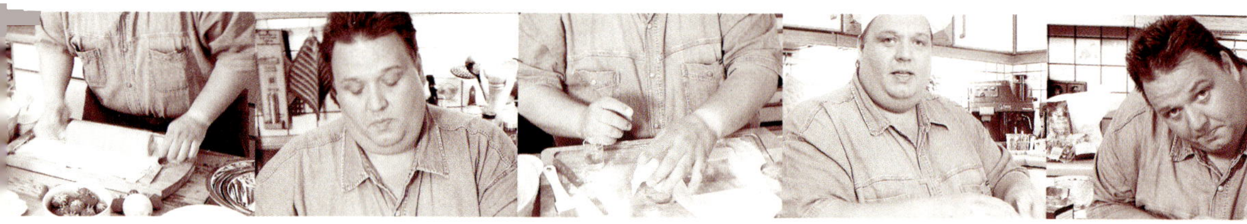

ALTLÄNDER KIRSCHTORTE

Für die beiden Böden werden die fünf Eiklar mit der Hälfte des Zuckers zusammen steif geschlagen. Wenn der Eischnee schön glänzt, vorsichtig zunächst die zweite Hälfte des Zuckers unterrühren und dann die gemahlenen Haselnüsse. Das muss mit Vorsicht geschehen, damit die luftige Masse nicht zusammenfällt.

Der Teig wird auf zwei Backformen verteilt, die mit Backpapier ausgelegt sind. Bei 125 Grad kommen die beiden Böden für 60 Minuten in den Ofen. Sie dürfen nicht zu dunkel werden. So lange sie noch warm sind, werden die beiden Böden aus der Form gelöst und zum Auskühlen zur Seite gelegt.

Nun bereiten wir den Biskuitteig, der dann später mit dem Sirup getränkt wird. Grundlage ist ein warm geschlagener Biskuitteig. Dazu verrühren wir die fünf Eier mit dem Zucker und dem Vanillezucker und stellen die Schüssel auf ein Wasserbad. Mit viel Schwung wird die Zucker-Ei-Mischung jetzt auf dem heißen Wasserbad geschlagen. Nach zwei Minuten ändert sich durch die Wärme die Konsistenz der Masse, also raus damit aus dem Wasser und weiterschlagen, bis ein Eierschaum entsteht, der nicht mehr flüssig ist.

Durch ein Mehlsieb kommt nun nach und nach das Mehl hinzu, das wir vorsichtig unter die schaumige Masse ziehen. Nicht mehr schlagen! Nun geben wir den Teig in eine Backform, die vorher gut eingefettet worden ist. Ab damit für 60 Minuten in den Backofen, bei etwa 170 Grad. Danach lassen wir auch diesen Boden auskühlen, nachdem wir ihn aus der Form befreit haben.

Damit sind alle Böden gebacken, nun fehlt noch die Füllung. Es ist eine Art Buttercreme. Dafür rühren wir die Butter mit den 5 Eigelb weich und sieben den Puderzucker dazu. Diese Creme schmeckt schon jetzt süß und lecker. Aber wir wollen ja eine

Kirschtorte haben, also muss jetzt Kirschgeschmack her. Dazu rühren wir das Kirschwasser unter – ein doppeltes Schnapsglas, also etwa 4 cl. Wird es ein wenig mehr – der Geschmack leidet nicht darunter. Zuletzt kommt jetzt noch der Kirschsirup hinzu. Er gibt nicht den Geschmack, sondern auch eine herrlich rote Farbe für unsere Altländer Kirschtorte.

Machen wir uns also daran, diese Torte zu vollenden. Auf eine Tortenplatte kommt zunächst einer der beiden Haselnussböden, den wir mit einem Viertel der Füllung bestreichen. Nun den Biskuitboden darauf setzen, passgenau übereinander. Mit einem Löffel verteilen wir dann den Kirschsirup auf der Oberfläche des Biskuits und lassen ihn einziehen – so lange, bis der Boden gut damit getränkt ist. Wenn das so weit ist, wird die Oberfläche mit dem zweiten Viertel der Füllung bestrichen. Nun müssen wir nur noch den übrig gebliebenen Haselnussboden draufsetzen. Fertig ist der Rohbau unserer Altländer Kirschtorte.

Jetzt wird noch „verputzt“: Mit einer Palette bestreichen wir Rand und Oberfläche mit dem Rest der Füllung. Die Oberfläche wird jetzt noch mit Puderzucker bestäubt und den Rand verzieren wir mit Krokantsplittern oder auch mit Mandelblättchen. Damit ist eine meisterhafte Torte vollendet!

SAFTIGER BANANEN-KUCHEN

Sie ist geschmackvoll, gesund, genial verpackt und harmoniert mit so ziemlich allen anderen Geschmacksrichtungen. Komisch eigentlich, dass die Banane in der deutschen Küche eigentlich nur roh verzehrt vorkommt – sozusagen von der Hand in den Mund. Das ist in anderen Kulturen ganz anders: Gebackene Bananen in China, Hühnercurry mit Bananen in Indien oder „Banana Bread" in der Karibik – die Liste von Gerichten rund um die krumme Frucht ist lang.

Bananen haben, wenn sie denn reif sind, einen starken Eigengeschmack und sie lassen sich problemlos zu einem Kuchen backen. Bevor wir einkaufen gehen aber noch ein wenig Produktkunde: Bananen kommen aus Afrika, aus der Karibik oder Mittelamerika, von den Kanarischen Inseln oder von Martinique. Es gibt kurze und lange Bananen, gelbe und sogar rote. Auf dem deutschen Markt bekommt man hauptsächlich die aus Amerika importierten, großen Bananen. Aromatischer sind ihre kleinen Verwandten von Gran Canaria.

Kurz gesagt: Kaufen Sie möglichst kleine, möglichst reife Bananen. Sie schmecken am besten und sind ironischerweise sogar noch billiger als die unreifen, grünen Exemplare.

Unser Bananenkuchen wird herrlich saftig, er duftet nach Bananen und macht Lust auf das Backen. Zunächst gehen wir einkaufen.

Zuerst waschen wir die Rosinen gründlich ab und legen sie in eine Schale. Dort sollen sie einweichen, entweder in warmem Wasser, besser aber in einem guten Schuss

Zutaten:

1/2 Kilo reife Bananen
125 Gramm Süßrahmbutter
200 Gramm brauner Zucker
3 Eier
250 Gramm Mehl
200 Gramm Hasel- oder Walnüsse
1 Prise Salz
125 Gramm Rosinen
10 cl flüssige Sahne
25 Gramm Schokostreusel
1 Päckchen Backpulver
abgeriebene Schale von
1 unbehandelten Orange,
1 unbehandelten Zitrone

SAFTIGER BANANEN-KUCHEN

Rum. Rosinen sind zu hart, wenn sie nicht eingeweicht werden. Beim Backen verlieren sie zusätzlich Feuchtigkeit und im schlimmsten Fall werden sie dunkel und hart. Das vermeiden wir, indem wir die Rosinen einweichen.

Unser Bananenkuchen ist ein Rührkuchen, also verrühren wir dann zunächst die handwarme Butter mit einer Prise Salz. Salz ist ein Gewürz, das alle Aromen besser hervorhebt. Also sollte es auch beim Backen nie ganz fehlen. Nun den Zucker dazu und schön weich rühren. Beim Rührkuchen muss – anders als beim Biskuit – nicht so viel Luft in den Teig. Deshalb kann man eine Küchenmaschine nehmen. Aber es ist eigentlich so schnell erledigt, dass sich das kaum lohnt.

Nun kommen die drei Eier in die Schüssel, Eiklar und Eigelb gleichzeitig weiterrühren, bis die Masse schön glatt und alles gut verteilt ist.

Dann schälen wir die Bananen und zerdrücken sie. Das geht sehr gut mit einer Gabel, wir können das aber auch im Mixer machen oder – wenn sie sowieso in Gebrauch ist – in der Küchenmaschine. Wichtig ist nur, dass die Bananen mit Zitronensaft beträufelt werden, sonst werden sie braun und unansehnlich.

Gemeinsam mit den zerdrückten Bananen werden nun die fein gemahlenen Walnusskerne in die Schüssel gegeben und gut verrührt. Keine Sorge, wenn der Teig bis jetzt noch sehr flüssig ist. Einfach gut verrühren und dabei auch die abgeriebene Orangen- und Zitronenschale unterrühren. Wichtig ist, dass sich alle Zutaten gut vermischen – aber auch nur so lange rühren. Rührkuchen sollte nie länger gerührt werden als nötig.

Nun verrühren wir das Backpulver mit dem Mehl und sieben beides in die flüssige Bananenmischung. Wieder gut verrühren und die flüssige Sahne dazugeben. Es ist ein ge-

haltvoller Teig mit lauter guten Zutaten, darum kostet das Rühren wirklich Kraft.

Als letzte Zutat kommen jetzt noch die Rosinen in die Schüssel und die Schokostreusel.

Der Teig ist nun fertig – und er gelingt nur, wenn die Konsistenz perfekt ist. Das kann man gut testen: Teig mit dem Rührlöffel aufnehmen und über die Schüssel halten. Läuft er runter, ist er zu flüssig. Bleibt er ganz am Löffel kleben, ist er zu fest. Fällt er „schwer reißend“ – so nennen das die Bäcker – vom Löffel, dann ist er richtig. Also gegebenenfalls etwas flüssige Sahne zufügen oder etwas Mehl, und dann ist der Teig fertig. Er kommt jetzt in eine ausgebutterte, längliche Kuchenform. Es sollte eine große Form sein, denn wir haben eine Menge Teig. Notfalls können wir den Teig aber auch auf zwei kleinere Formen verteilen – dann muss allerdings die Backzeit etwas verkürzt werden.

Nun wird der Teig noch – wie ein Sandkuchen – auf der Oberfläche mit einem Messer eingeritzt. Bei 190 Grad in den vorgeheizten Ofen und dort bleibt er für 70 Minuten. Danach ist er gar, aber noch herrlich saftig.

JOGHURT-HONIG-NUSS-TORTE

Wer jahrelang in Deutschland griechisch essen gegangen ist, erlebt bei einem Urlaub in Griechenland oft sein kulinarisches Wunder. Auf den Inseln der Ägäis gibt es mehr Fisch als Gyros. Und als Nachspeise essen die Griechen nicht den „Eisbecher Peleponnes“, der traditionell auf den Speisekarten der Griechen in Deutschland steht. Aus einer dieser echt griechischen Nachspeisen habe ich eine Torte gemacht. Es war nur ein Versuch, aber er ist voll gelungen!

Grundlage dieser Torte ist Joghurt. In Griechenland bekommt man ihn als Nachtisch, manchmal auch als leichte Zwischenmahlzeit. Nicht mit Konfitüre verrührt, wie bei uns üblich, sondern mit einem Löffel köstlichem Honig und ein paar Walnusskernen.

Eine Torte mit diesen drei Grundzutaten ist schnell gemacht – vorausgesetzt, wir nehmen die richtigen Zutaten. Eine kalte Torte aus Joghurt, gesüßt mit Honig, angerichtet auf einem ganz dünnen Boden. Und als Kontrast zum weichen Joghurt eine Handvoll leckerer Walnusskerne.

Zutaten:

- 200 Gramm Butterkekse
- 75 Gramm Süßrahmbutter
- 500 Gramm Joghurt
- 100 Gramm Honig
- 1 Esslöffel Zucker
- 1 unbehandelte Zitrone
- 6 Blatt Gelatine (farblos)
- 100 Gramm gemahlene Walnusskerne
- 12 ganze Walnusskerne

Klar, dass unser besonderes Augenmerk auf dem Joghurt liegt. Er muss cremig sein, ohne Zugaben. Und da wird es schon schwierig. In manchem Supermarkt bekommen wir 30 verschiedene Sorten Joghurt, die nach allem schmecken: Erdbeer, Passionsfrucht, Müsli, Rhabarber, Zitrone.

Eine Sorte zu finden, die nur nach Joghurt schmeckt, ist schwer.

JOGHURT-HONIG-NUSS-TORTE

Im türkischen oder griechischen Lebensmittelgeschäft, das es ja inzwischen fast überall gibt, bekommen wir den richtigen Joghurt. Die Produkte aus diesen Ländern sind nicht so wässrig wie manche deutsche Produkte. Wer Glück hat, bekommt sogar Joghurt aus Büffel- oder Schafmilch. Wer das nicht mag, ist auch mit dem Kuhmilchprodukt gut bedient. Und wer nur ein wässriges Produkt bekommt, kann den Joghurt eine Zeit lang in einem Sieb abtropfen lassen.

Den Butterkeks in der Küchenmaschine zermahlen. Die Zitrone auspressen und den Saft (ohne Kerne) dazugeben. Gut verrühren. In einer Pfanne die Butter schmelzen und dann in die Kekskrümel rühren. Diese Mischung in eine kleine, runde Springform geben. Die Form sollte ca. 24 Zentimeter Durchmesser haben, sonst wird die Joghurt-Torte zu flach. Der Boden der Form soll dünn bedeckt sein mit der Masse. Wenn die Butter erkaltet, verbindet sie die Kekskrümel zu einem festen Boden.

Die Springform also in den Kühlschrank stellen, während wir die Joghurt-Creme bereiten. Den abgetropften Joghurt dazu in die Schale geben und mit dem Esslöffel Zucker verrühren. Die abgeriebene Schale einer Zitrone zugeben und umrühren. Nun kommt der Honig, schön langsam Löffel für Löffel, in den Joghurt. Immer vorsichtig unterrühren und unterheben. Joghurt ist keine Sahne und muss deshalb auch nicht geschlagen werden.

Als Nächstes sind die Walnusskerne an der Reihe. Sie dürfen wirklich nur grob zerkleinert werden, denn sie sollen nicht nur ihren typischen Geschmack an die Torte weitergeben, sondern auch ihren knackigen Biss.

In einer kleinen Schale haben wir inzwischen die Gelatine in kaltem Wasser eingeweicht. Dieses Wasser jetzt abgießen, die Gelatine sorgfältig ausdrücken und ein paar Löffel fast kochendes Wasser darüber geben. Mit einem Löffel müssen

wir sofort umrühren, damit sich die Gelatine vollständig auflöst. Ein paar Löffel von der Joghurt-Masse dazugeben, glatt rühren und sofort in die große Schüssel geben.

Vorsichtig umrühren. Die Gelatine muss sich gleichmäßig in der Joghurt-Masse verteilen. Bevor das geschieht, gießen wir den Inhalt der Schale jetzt auf den Boden in der Springform. Glatt streichen und die Torte ist fast fertig. Den Rand der Oberseite verzieren wir mit den ganzen Walnüssen – und dann muss die Joghurt-Honig-Nuss-Torte noch in den Kühlschrank. Nicht nur, weil sie richtig kalt besser schmeckt. Die Gelatine braucht einige Zeit, bis sie die Joghurt-Masse gebunden hat.

Zum Aufschneiden vorsichtig die Springform öffnen und mit einem Messer, das wir in warmes Wasser getaucht haben, vorsichtig lösen.

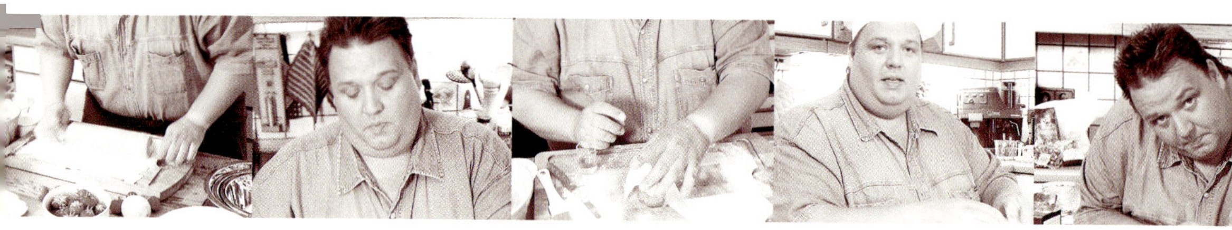

THÜRNAUS MANDELSCHAUM-TORTE

Die Mandel ist – verzeihen Sie mir den Vergleich – der Dieter Bohlen unter den Backzutaten: Ein bisschen deftig, ein bisschen süß, ein bisschen bitter und unverwechselbar. Und noch eines verbindet eine Mandel mit dem Musiker: Unter der harten Schale steckt ein weicher Kern.

Mandeln sind Grundlage für viele süße Leckereien, im Lebkuchen zum Beispiel. Bei Kuchen und Torten kommt das bittersüße Aroma herrlich zur Geltung. In südlichen Ländern hat Mandeltorte oder Mandelkuchen eine lange Tradition. Kaum ein Urlauber kann zur Zeit der Mandelblüte auf Mallorca sicher einem Stück „Gato de Almendra" wiederstehen.

Allerdings sind die meisten dieser Mandeltorten kompakte Kuchen, die es in sich haben. Viel zu schwer, zu kompakt oder zu fest. Wenn man doch die Fluffigkeit eines Mandelparfait in ein Kuchenrezept übertragen könnte… Man kann, habe ich beim Probieren festgestellt. Machen wir uns an die Arbeit zu Thürnaus Mandelschaum-Torte.

Zutaten:

300 Gramm Mandeln
200 Gramm Puderzucker, gesiebt
8 Eier
abgeriebene Schale von 1 unbehandelten Zitrone
1 Gläschen Amaretto
1 Messerspitze Weinstein
gemahlenen Zimt
1 Vanilleschote
Öl zum Ausfetten der Backform

Ein Kunststück ist diese Mandelschaum-Torte eigentlich nicht. Aber da wir mit Eischnee arbeiten, kann unser Meisterwerk schnell zusammenfallen, wenn wir nicht sorgfältig arbeiten. Keine Bange: Mit ein wenig Spaß und einer Messerspitze Weinstein wird es gelingen.

Zunächst einmal die Eier trennen. Das Eiklar kalt stellen. Die Eigelb mit dem Puderzucker schaumig rühren. Achten Sie auf die Temperatur: Die Eigelb dürfen nicht zu kalt sein. Gründlich rühren, damit sich

THÜRNAUS MANDELSCHAUM-TORTE

der feine Puderzucker auflöst. Vor der Verwendung sollte der Puderzucker gesiebt werden, das macht ihn noch feiner.

In der Küchenmaschine hacken wir die Mandeln sehr fein. Damit sie später den schaumigen Teig nicht zusammenfallen lassen, müssen die leckeren Kerne wirklich sehr gründlich gehackt werden. Diese Mandeln kommen dann in die Eigelb-Zucker-Masse. Die abgeriebene Zitronenschale dazugeben, das Mark einer Vanilleschote und eine Messerspitze gemahlenen Zimt. Jetzt kommt noch eine Messerspitze Weinstein dazu. Das Pulver aus der Apotheke übernimmt im Kuchen die Aufgaben des Mehls und bringt ein wenig Festigkeit in die Masse, wenn später der Eischnee dazu kommt.

Die Masse sehr gründlich durchrühren und mit einem Gläschen Amaretto verfeinern. Dieser feine Mandellikör gibt dem Mandelkuchen den letzten Pfiff. Aber Achtung: Ein Gläschen reicht, der Amaretto ist sehr aromaintensiv und außerdem darf unsere Masse nicht zu flüssig sein.

Diese Torte habe ich „Mandelschaum-Torte“ genannt und darum müssen wir jetzt noch Schaum ins Spiel bringen, bevor der Kuchen in den Backofen kommt. Den Schaum machen wir natürlich aus den Eiklar. Mit der Hand wird es am besten, also mit einem Schneebesen kräftig schlagen. Der Eischnee ist dann gut, wenn er in der umgestürzten Rührschüssel haften bleibt. Ich schlage den Eischnee immer in zwei Etappen – zunächst die eine, dann die andere Hälfte.

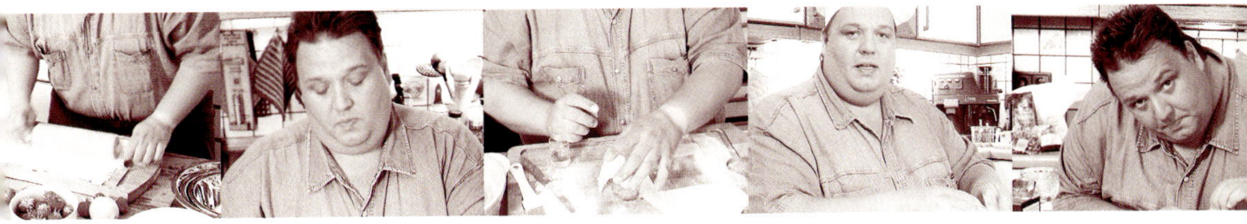

Wenn der Eischnee sehr steif ist, heben wir ihn vorsichtig unter die Mandelmasse und verteilen ihn gleichmäßig. Wichtig ist dabei, dass der Eischnee nicht zusammenfällt. Also vorsichtig unterheben statt fest unterrühren.

Nun füllen wir die Masse, die schon jetzt herrlich nach Mandeln duftet, vorsichtig in eine eingefettete 28er-Springform. Rund um den Kuchen können wir an der Außenseite noch einige ganze Mandeln zur Dekoration auflegen.

Und nun ab damit in den auf 190 Grad vorgeheizten Ofen. Unser Mandelkuchen braucht Luft, damit sich der Mandelschaum entfalten und herrlich aufgehen kann. Also müssen wir die Ofentür vorsichtig schließen, sonst pressen wir die Luft aus dem Ofen.

Nun heißt es warten und die Tür nicht öffnen. Nach ca. 60 Minuten ist der Kuchen fertig, wir lassen ihn im Ofen auskühlen. Mit einem scharfen Messer den Rand vorsichtig lösen und dann aus der Springform nehmen. Und schon vom Duft werden Sie begeistert sein.

Hab' ich zu viel versprochen?

KIRSCHKUCHEN

Die kleinen roten Früchtchen haben sogar den Schlager erobert: „Die Kirschen in Nachbars Garten“ ist Evergreen und Sprichwort gleichzeitig. Ein Beleg dafür, dass Kirschen tatsächlich etwas Besonderes sind. Saftig und geschmackvoll, gesund und weich – Kirschen sind eine verführerische Delikatesse.

Aber auch hier gilt: Auf die Sorte kommt es an. Deshalb zunächst ein wenig Warenkunde. Es gibt rund 400 verschiedene Sorten von dem meist roten Steinobst. Die Süßkirschen werden meist direkt vom Baum oder aus dem Korb gegessen.

Zu den Süßkirschen gehört auch die Familie der so genannten „Brennkirschen“. Die haben zwar besonders viel Geschmack, sind aber sehr fest und sehr klein. Deshalb werden Brennkirschen nicht gegessen, sie werden zermahlen und zu Kirschwasser destilliert.

Zutaten:

Für den Mürbeteig:
250 Gramm Mehl
50 Gramm Puderzucker
200 Gramm Süßrahmbutter
2 Eigelb
1 Prise Salz

Für den Belag:
250 Gramm Sauerkirschen, entsteint
250 Gramm Sahne
250 Gramm saure Sahne
100 Gramm Zucker
4 Eier
3 Teelöffel Speisestärke
1 Gläschen Kirschwasser

Zum Backen nehmen wir die Sauerkirsche, die ein weiches Fleisch hat und viel Saft. Der Ausdruck „sauer“ ist nicht wörtlich zu nehmen. Längst gibt es auch süße Sauerkirschen. Sie werden aber vorwiegend beim Backen oder Kochen eingesetzt. Sauerkirschen brauchen Wärme, um ihre Geschmackstoffe zu entfalten.

Noch ein Wort zum Thema „Frische Früchte“ oder „Einmachware“: Frische, knackige Kirschen haben mehr Biss und sind den Einmachkirschen immer überlegen. Besonders aus Feinschmeckersicht deshalb, weil wir bei frischen Kirschen selbst bestimmen können, wie und womit wir sie süßen. Kirschen aus dem Glas oder der

KIRSCHKUCHEN

Dose gibt es kaum ungesüßt. Wenn wir aber noch Zucker brauchen, damit der Belag die richtige Konsistenz bekommt, werden die Früchte zu süß – und mit ihnen der ganze Kuchen.

Außerdem habe ich auf den Etiketten von Kirschen im Glas schon die tollsten Zusätze entdeckt: Geschmacksverstärker, Farbstoff, Säuerungsmittel – alles Dinge, die dem Kuchenfan den Appetit verderben. Wenn wir die Kirschen frisch auf dem Markt kaufen, wissen wir, was in den Kuchen kommt.

Der Nachteil: Kirschen müssen entsteint werden. Das ist aber einfacher, als es klingt und geht mit einem Messer oft schneller als mit einem Kirsch-Entsteiner. Wichtig ist noch, dass wir die Kirschen gründlich waschen müssen, bevor wir sie verarbeiten. Und waschen heißt immer: Gründlich abtropfen lassen, damit später nicht der Geschmack verwässert wird. Nun geht es aber ans Backen.

Der Mürbeteig ist schnell gemacht: Das Mehl in eine Schüssel geben, zwei Eigelb und die Butter hinzufügen. Süßrahmbutter muss es natürlich sein und wie immer beim Mürbeteig gut gekühlt. Meist ist es nötig, noch ein wenig kaltes Wasser in den Teig zu geben, damit er die richtige Konsistenz hat. Den Teig also gut verkneten, zu einer Kugel formen und abgedeckt in den Kühlschrank stellen.

Dort bleibt er für eine halbe Stunde und in der Zwischenzeit bereiten wir den Belag. Dafür die Eier in eine Rührschüssel geben und leicht verquirlen. Dann geben wir die flüssige Sahne dazu und verrühren sie gut mit den verquirlten Eiern. Nun zuerst den Zucker dazugeben, dann die saure Sahne und schließlich die drei Teelöffel Speisestärke. Sie sorgt später dafür, dass etwas Bindung in die leckere Mischung kommt.

Wer mag, kann noch ein Gläschen Kirschwasser dazugeben. Der Alkohol verdampft später im Ofen weitgehend, zurück bleibt das herrliche Aroma der destillierten Kirschen. Aber auch ohne Kirschwasser wird der Kuchen schmecken, es wäre halt nur das berühmte Tüpfelchen auf dem „i".

Inzwischen ist unser Mürbeteig so weit, dass wir ihn dünn ausrollen können. Der Boden einer Springform muss belegt sein, am Rand ziehen wir den Teig zwei bis drei Zentimeter nach oben. Mit einer Gabel mehrmals in den Teig stechen. Dann verteilen wir die entsteinten und gut abgetropften Kirschen auf dem Boden – nicht zu dicht beieinander. Zwischen den Kirschen muss noch Platz bleiben für unsere Eier-Sahne-Masse. Der Kuchen wird dann perfekt, wenn die Kirschen gerade noch aus dem Belag herausschauen.

Inzwischen ist der Backofen vorgeheizt auf 190 Grad und bei dieser Hitze bleibt der Kirschkuchen knapp 60 Minuten im Ofen. Wir müssen nur darauf achten, dass die Kirschen an der Oberfläche nicht austrocknen – wenn das geschieht, können wir sie mit einem gebutterten Pinsel bestreichen oder die Oberfläche abdecken mit Alufolie.

Dieser Kuchen schmeckt am besten, wenn wir ihn nach dem Backen auskühlen lassen und für eine Stunde in den Kühlschrank stellen.

WUNDERTÜTEN-KUCHEN

Dies ist einer meiner Lieblingskuchen. Ein Kuchen, der erst ein paar Tage reifen muss, bevor man ihn mit Genuss verspeisen kann. Deshalb und auch von den Zutaten erinnert er ein wenig an Weihnachtsstollen, ist aber weniger schwer. Der Name „Wundertüten-Kuchen" klingt ein wenig seltsam – hat aber seine Berechtigung: Ich verarbeite im Teig alles, was mein Vorratsschrank so hergibt. Manchmal bleibt vom Backen ja ein Rest an Schokoraspeln über, manchmal etwas Nougat oder Zitronat. Das alles wird in meinem Wundertüten-Kuchen verarbeitet – genau wie bei einer Wundertüte weiß man vor dem Öffnen des Vorratsschrank nie, was denn heute so drin ist.

Eine genaue Zutatenliste ist also unmöglich. Aber gerade das ist ja der Reiz. Die Fantasie ist der beste Ratgeber beim Backen.

Zutaten:

500 Gramm Mehl
500 Gramm Süßrahmbutter
250 Gramm Zucker
6 Eier
1 Päckchen Backpulver
250 Gramm Rosinen
1 Löffel Vanillezucker
1 kleine flüssige Sahne
1 Spritzer Zitronensaft
1 Prise Salz

und je 50 Gramm von allem, was der Vorratsschrank hergibt. Zum Beispiel Walnusskerne, Schokoraspeln, Orangeat, Zitronat, Nougat, Mandelblättchen, …

Das sind viele Zutaten und wir bekommen davon eine Menge Teig. Deshalb brauchen wir eine große Kuchenform – eine Napfkuchen- oder Gugelhupfform mit wenigstens 28 Zentimeter Durchmesser. Aber dazu später mehr. Zunächst bereiten wir alles für den Teig vor.

Das Mehl ordentlich sieben, Nusskerne hacken oder in der Küchenmaschine zermahlen, die Zitrone auspressen, Schale der unbehandelten Zitrone abreiben, Rosinen einweichen und gut abtropfen lassen.

All das dauert seine Zeit und das ist auch gut so. Beim Wundertüten-Kuchen werden alle Zutaten zimmerwarm verarbeitet. Eier und Butter und Milch haben beim Vorbereiten also genug Zeit, Temperatur anzunehmen.

WUNDERTÜTEN-KUCHEN

Aber dann geht es los mit dem Backen. Zunächst kommen die Eier in eine große Rührschüssel. Mit einem Schneebesen werden sie verquirlt und dann gemeinsam mit dem Zucker und der handwarmen Butter schaumig gerührt. Dazu gehört ein wenig Kraft und Ausdauer, denn schaumig rühren heißt, viel Luft in die Eier zu schlagen. Je besser das gelingt, desto lockerer ist später unser Kuchen.

Wenn es nun schön schaumig ist, rühren wir zunächst eine Prise Salz in diese Masse, dann einen Löffel Vanillezucker und den Zitronensaft.

Dass nun auch noch die sorgfältig abgeriebene Zitronenschale hineinkommt, hat einen Grund: Zitronensaft ist schön sauer und somit ein wichtiger Kontrast im süßen Kuchen, der manche Aromen erst zur Geltung bringt. Das Aroma der Zitrone aber ist nicht im Saft, sondern ausschließlich in der Schale. Also wird die Schale mit einer Reibe oder einem speziellen Abzieher ganz dünn von der Frucht gelöst.

Nochmal rühren, damit alles schön schaumig bleibt, und dann kommen die Schätze aus unserer Wundertüte dazu. Wie gesagt: Erlaubt ist alles. Nüsse sind wichtig und ich bevorzuge Walnüsse, weil sie ein starkes Aroma haben. Aber es gehen auch Haselnüsse oder Mandeln.

Dann die Schokostreusel, aber es kann auch fein gehacktes Nougat sein. Und wenn der Vorratsschrank beides nicht hergibt, können wir auch eine Tafel Schokolade fein hacken und in die Schüssel rühren.

Thürnaus toller Tipp:

Diesen Kuchen mögen auch Kinder sehr gerne. Verzieren kann man ihn zum Beispiel auch mit bunten Schokolinsen („Smarties") – ein Hit auf jedem Kinder-Geburtstag.

Nun kommen noch Orangeat und Zitronat hinzu. Beides ist auch als Sukkade bekannt und ein unerlässlicher Bestandteil in der Weihnachtsbäckerei, aber es schmeckt nicht nur zur Weihnachtszeit …

Noch mal alles gut durchrühren und zur Seite stellen – die Zutaten sollen Feuchtigkeit ziehen, das macht sie später im Kuchen leckerer.

In einer zweiten Schüssel verrühren wir inzwischen das gesiebte Mehl mit dem Päckchen Backpulver. Diese Mischung kommt nun zügig in die große Rührschüssel zu den anderen Zutaten. Alles wird gut verrührt – und fertig ist der Teig, in den wir nun noch einen Schuss flüssige Sahne geben – das macht ihn schön geschmeidig. Kurz ruhen lassen.

In der Zwischenzeit buttern wir die Kuchenform gut aus und streuen – wie beim Gugelhupf – gehobelte Mandelscheibchen hinein. Das lässt den Wundertüten-Kuchen später mit Leichtigkeit aus der Form gleiten.

Der Teig kommt nun in die Form und dann für ca. 70 Minuten bei 180 Grad in den vorgeheizten Backofen. Unser Wundertüten-Kuchen soll nicht zu dunkel werden, also müssen wir ihn sorgfältig beobachten. Wird er braun, muss er aus dem Ofen.

Nach einer Stunde erfüllt herrlicher Duft die Küche – nun ist die Zeit der Selbstdisziplin gekommen. Unser Verlangen möchte, dass wir den Kuchen sofort anschneiden, aber die Vernunft soll siegen: Der Wundertüten-Kuchen muss in der Form auskühlen, wird dann mit einer Alufolie bedeckt und kommt für mindestens zwei Tage zum Reifen an einen kühlen Ort. Wie bei einem Weihnachtsstollen ziehen so alle Zutaten gut durch und machen den Kuchen saftig.

THÜRNAUS RIESEN-NOUGATRING

Dieses Backwerk begleitet mich schon seit meiner Kindheit. Nougatringe gab es beim Bäcker im Ort und ihr Geruch allein weckt schöne Erinnerungen. So groß wie ein Bierdeckel mit glänzender Schoko-oberfläche, ein butterduftender Boden und darin eine weiche Masse. Lecker, aber nicht lecker genug, um eine meiner Lieblingstorten zu werden. Außerdem sind mir die Nougatringe beim Bäcker zu klein. Darum stelle ich Ihnen vor: Thürnaus Riesen-Nougatring!

Nougat ist eines der leckersten Produkte der Zuckerbäcker und Konditoren. Zu Weihnachten oder zu Ostern begegnet uns Nougat allerorten. Dann ist es meist mit Schokolade vermischt und erinnert ein wenig an die berühmte Nuss-Nougat-Creme „Nutella". Eigentlich ist Nougat aber nichts anderes als eine Menge gerösteter, geschälter Haselnüsse, die mit Zucker karamellisiert wird. Das macht mehr Arbeit, als fertigen Nougat zu verwenden, schmeckt aber ungleich besser.

Diese Torte ist ein Guter-Laune-Garant: Weich, buttrig, schokoladig sorgt der Nougatring wahrscheinlich dafür, dass unser Körper Glückshormone ausschüttet.

Zunächst widmen wir uns der Nougat-Garnitur. Dafür geben wir die Haselnusskerne in eine Backform und stellen diese bei 220 Grad in den Ofen. Irgendwann nach 10 bis 20 Minuten verändern sie ihre Farbe in Richtung Hellbraun. Dann können wir sie aus dem Ofen nehmen. Sie kommen auf ein Geschirrtuch zum Auskühlen. Ein zweites Tuch darüber legen und hin und

Zutaten:

Für den Teig:
150 Gramm Zucker
150 Gramm Mehl
5 Eier
1 unbehandelte Zitrone

Für die Nougat-Garnitur:
250 Gramm Haselnüsse
300 Gramm Zucker
Saft von 1 Zitrone

Für die Füllung:
250 Gramm Süßrahmbutter
200 Gramm Puderzucker
1 Vanilleschote
2 Eigelb
50 Gramm dunkle Schokolade
1 Gläschen Cognac oder Obstbrand

THÜRNAUS RIESEN-NOUGATRING

her reiben. Das löst die braunen Häutchen rund um die Haselnüsse, die so ruckzuck geschält sind.

In einer Pfanne bringen wir dann den Zucker vorsichtig zum Schmelzen und geben die Nüsse hinein – dort bleiben sie so lange, bis sie karamellisiert sind. Dabei ab und zu etwas Zitronensaft in die Pfanne geben. Abkühlen lassen und dann in einer Küchenmaschine grob zerkleinern – fertig ist das selbst gemachte Nougat.

Der Teig ist leicht hergestellt: Eier, Zucker und die Zitronenschale in einer Schüssel gut verrühren und auf ein heißes Wasserbad stellen. Zwei Minuten lang mit einem Schneebesen kräftig aufschlagen, dann vom Wasserbad nehmen und weiterschlagen – so lange, bis ein relativ fester, glänzender Eierschaum entstanden ist. Kurz abkühlen lassen und dann nach und nach das Mehl in die Masse sieben und vorsichtig unterrühren.

Diese Masse kommt dann in eine ringförmige Tortenform und für 30 Minuten bei 170 Grad in den Ofen.

Während der Teig im Ofen ist, könne wir in Ruhe die Füllung zubereiten: Dazu schmelzen wir im Wasserbad die Schokolade und rühren sie dann mit einem Gläschen Cognac glatt. Die Masse vom Wasserbad nehmen und ein Eigelb dazu geben – wieder rühren. Nun kommt die handwarme Butter dazu, schließlich das ausgekratzte Mark einer Vanilleschote und der Puderzucker. Kräftig rühren, die Masse muss sehr homogen sein. Hier hinein kommt nun ein Viertel des Nougats. Noch mal gut verrühren und zur Seite stellen.

Thürnaus toller Tipp:

Ein völlig anderes Aroma bekommt der Nougatring, wenn wir Zitronenschale gegen Orangenschale auswechseln und statt Cognac einen Cointreau verwenden. Empfehlenswert!

Nun ist Thürnaus Riesen-Nougatring fast fertig, er muss nur noch zusammengesetzt werden. Ein kleiner Schritt für den Bäcker, aber ein großer Schritt für den Genuss. Wir schneiden den Biskuitring durch, sodass zwei Ringe entstehen. Von der Füllung nehmen wir ein Viertel und streichen sie auf den unteren Ring. Dann den zweiten Ring nehmen und mit leichtem Druck auf den unteren setzen.

Gummischaber und Palette tun uns jetzt einen guten Dienst, wenn wir die restliche Füllung auf den ganzen Ring streichen. Das dauert ein wenig, geht aber eigentlich leicht, wenn die Füllung nicht zu kalt geworden ist.

Nun nehmen wir noch mit einem Löffel den Nougat und rücken ihn auf die Oberfläche der Füllung. Der Nougat wird auf der leicht warmen Masse perfekt haften. Nun muss Thürnaus Riesen-Nougatring noch eine Stunde in den Kühlschrank – und dann ist er fertig zum Verzehr.

Wetten, dass dieser Nougatring gute Laune macht ..?

FREIHERR VON RIBBECKS BIRNENTORTE

Man soll bekanntlich Äpfel nicht mit Birnen vergleichen – aber beim Backen machen wir da jetzt mal eine Ausnahme: Es gibt mehr Rezepte für Apfelkuchen als für Birnentorte. Aber nicht die Masse macht's. Eine Birne zu verarbeiten macht durchaus Sinn. Denn unter den 1.500 Birnensorten, die es auf der Welt gibt, sind einige besonders edel. Die Williamsbirne zum Beispiel, die ein englischer Gärtner einst für König Ludwig XVI. züchtete.

Zutaten:

Für den Biskuitboden:
150 Gramm Zucker
175 Gramm Mehl
7 Eier
75 Gramm Schokolade
1 Teelöffel Backpulver
1 Prise Salz
1/2 unbehandelte Zitrone

Für die Füllung:
150 Gramm Zucker
250 Gramm Quark
200 Gramm Crème fraîche,
150 Gramm steif geschlagene Schlagsahne
12 Blatt Gelatine
1 Teelöffel Vanillezucker
2 Eier
1 unbehandelte Zitrone
4 reife Birnen
1/4 Liter trockener Weißwein
1/4 Liter Wasser
3 cl Williams Birnenbrand
Mandelblättchen

Birnen haben weniger Säure als Äpfel. Und wenn sie nicht roh gegessen werden, sondern eingelegt oder gekocht, sind sie zart und saftig.

Mit den Birnen machten Schüler früher in der Schule Bekanntschaft, wenn sie das Gedicht vom Freiherrn Ribbeck zu Ribbeck lasen oder auswendig lernten. Der edle Spender eines Birnenbaumes auf seinem Grabe ist der Namensgeber für meine Birnentorte, die einigen Aufwand erfordert. Der lohnt allerdings und darum gehen wir zunächst üppig einkaufen.

Bevor wir uns den Biskuitböden zuwenden, befassen wir uns zunächst einmal mit den Birnen. Es müssen natürlich ganze, ungeschälte, reife Exemplare sein. Birnen aus der Dose haben hier nichts zu suchen.

Die Früchte werden geschält und in dem Gemisch aus Wein und Wasser gekocht. Wie lange das dauert, hängt von der Sorte, der Größe und dem Reifegrad ab. Die Birnen sollen gar, aber nicht zerkocht sein. Bei mir dauert das zwischen fünf und zehn Minuten.

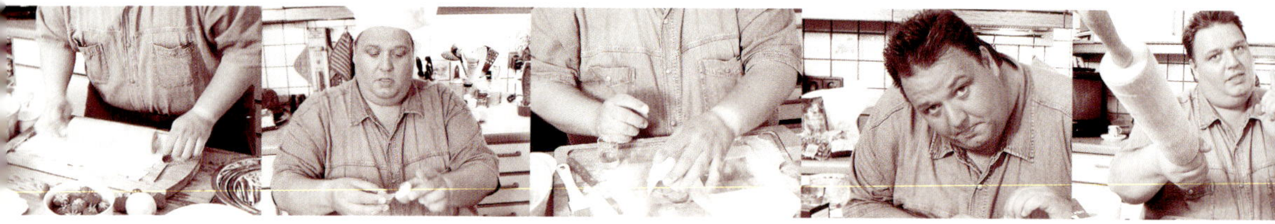

FREIHERR VON RIBBECKS BIRNENTORTE

Während die Früchte abkühlen, backen wir die Biskuitböden. Die Eier trennen, das Eigelb mit dem Zucker und der abgeriebenen Zitronenschale verrühren. Das Mehl sieben, mit dem Backpulver verrühren und unterrühren. Danach müssen wir den Teig in zwei Hälften trennen, denn einer der Biskuitböden in dieser fantastischen Birnentorte soll dunkel werden. Wir schmelzen also die Schokolade und rühren sie unter die Teigmasse in der einen Schüssel.

Nun muss das Eiklar mit dem Salz zu einem sehr steifen Eischnee aufgeschlagen werden. Wenn es fast perfekt ist, noch einen Löffel Zucker unterrühren. Dann muss der Eischnee gleichmäßig verteilt werden – die eine Hälfte in die helle Biskuitmasse, die andere in die von der Schokolade dunkel gefärbte.

Bei 175 Grad werden die Böden jetzt im Ofen für 45 Minuten gebacken. Das kann man in verschiedenen Formen machen – aber ich spare immer Zeit: Ich gebe die Hälfte des hellen Teiges in eine Springform, schneide eine Lage Backpapier in Formgröße aus und legen sie auf den Teig. Darauf fülle ich die zweite Teighälfte. Dann wieder eine Lage Backpapier und da hinauf den dunklen Teig. So kann man in einer Form alle drei Biskuitböden gleichzeitig backen und nachher durch das Papier sauber voneinander lösen. Die drei Böden abkühlen lassen.

Der Biskuit – selbst gebacken – ist für sich schon ein Genuss. Aber auch die Füllung hat es in sich. In einer Schüssel verrühren wir zwei Eigelb mit dem Zucker, dem Vanillezucker und einem ordentlichen Schuss Williams Birnenbrand.

Zitronenschale und einen Spritzer Zitronensaft dazu und dann gründlich den Quark und die Crème fraîche unterrühren. Aus den zwei übrig gebliebenen Eiklar mit dem Schneebesen sehr steifen Eischnee schlagen,

Nun muss ein wenig Festigkeit in die Masse kommen. Dazu weichen wir die Gelatine in

etwas kaltem Wasser ein. Dann drücken wir sie gründlich aus und erwärmen sie auf einem Wasserbad, bis sie sich aufgelöst hat. Dann schnell in die Quarkmasse rühren und ebenso schnell die steife Sahne und den Eischnee unterheben. Die Masse kommt dann kurz in den Kühlschrank – sie soll abkühlen, damit sie dann auf dem Boden schneller fest wird. Nach zehn Minuten wieder aus der Kühlung nehmen.

Auf einer Kuchenplatte beginnt nun der schwierigste Teil: Den einen der beiden hellen Biskuitböden nehmen wir als Unterbau der Birnentorte und bestreichen ihn bis zum Rand gleichmäßig mit einem Drittel der gekühlten Quarkcreme. Den dunklen, etwas dickeren Biskuitboden darauf legen und etwas andrücken.

Nun kommen die Birnen ins Spiel, die inzwischen abgekühlt sind. Sie werden der Länge nach halbiert und von allem befreit, was wir nicht mitessen wollen. Mit der Wölbung nach oben legen wir die leckeren Früchtchen auf den dunklen Boden – nicht zu nah an den Rand. Nun verteilen wir nur noch die restliche Quarkmasse gleichmäßig und decken sie zu mit dem übrigen hellen Biskuitboden.

Aber halt: Etwas Quark müssen wir schon noch übrig behalten. Mit einer Palette streichen wir eine dünne Schicht Quark rund um den Kuchen und auf die Oberseite. Dann den Quarkrand dicht mit den Mandelblättchen bestreuen.

Bevor diese traumhafte Birnentorte für zwei Stunden in den Kühlschrank kommt, begieße ich den oberen Biskuit immer noch mit ein paar Spritzern Williams Birnenbrand. Das edle Obstwässerchen zieht in den Biskuit und gibt ihm ein herrliches Aroma.

HONIGTORTE

Torten und Musik haben sehr viel gemeinsam: Es gibt die immer gleichen Zutaten, die man immer wieder neu zusammenfügen muss. Die Sorgfalt und der Ideenreichtum des Bäckers oder Komponisten entscheiden, ob es ein durchschnittliches Ergebnis gibt oder eine Symphonie.

Manchmal hilft es schon, eine Zutat durch eine andere zu ersetzen, um eine völlig andere Torte zu bekommen. Eine Honigtorte wollen wir also backen. Ein Teil des Zuckers im Teig und in der Füllung ersetzen wir durch Honig. Honig ergibt eine andere Süße als Zucker und auch die klebrige Konsistenz verändert den Teig.

Honig ist übrigens nicht gleich Honig. Im Supermarktregal gibt es Dutzende Sorten. Die richtige zu finden ist schwer, aber nicht unmöglich. Wer es mild mag, kauft einen hellen Honig. Je dunkler der Honig im Glas, desto kräftiger der Geschmack. Der richtet sich unter anderem danach, an welchen Blüten die Bienen saugten: Löwenzahnhonig schmeckt anders als Akazienhonig.

Übrigens ändert es nichts am Geschmack, ob der Honig vom Löffel fließt oder ob er streichfest ist. Für unseren Kuchen eignen sich am besten flüssige, dunkle und aromaintensive Honigsorten. Auch hier gilt: Probieren geht über Studieren.

Zunächst müssen die Eier getrennt werden. Das Eiweiß zur Seite stellen, das Eigelb kurz aufschlagen und dann mit dem Zucker und dem Honig schaumig rühren. Da der Honig etwas zähflüssig ist, brauchen wir entweder ein wenig mehr Kraft als sonst oder erwärmen ihn leicht.

Zutaten:

Für den Teig:
150 Gramm Honig
100 Gramm Zucker
150 Gramm gemahlene Mandeln
150 Gramm Mehl
100 Gramm Schokolade
1 unbehandelte Zitrone
1/2 Teelöffel Weinstein
50 Gramm Rosinen

Für den Belag:
100 Gramm Süßrahmbutter
100 Gramm Zucker
100 Gramm Honig
150 Gramm gemahlene Mandeln
50 Gramm Pistazienkerne
2 cl flüssige Sahne
Zimt

HONIGTORTE

Nun die Schokolade fein reiben und unter die Masse geben. Die Schokolade gibt nicht nur Geschmack, sondern färbt die Torte später auch. Darum muss sie besonders sorgfältig untergehoben werden.

Von der unbehandelten Zitrone reiben wir die Schale in die Schüssel und geben auch den Saft der Zitrone zu. Der Honig hat ein viel kräftigeres Aroma, wenn etwas Säure ins Spiel kommt – und diese Säure liefert die Zitrone.

In der Zwischenzeit haben wir die Mandeln schon fein gemahlen und die Rosinen in warmem Wasser eingeweicht. Beides kommt in die Schüssel und wird wieder kräftig untergerührt. Zu einem richtigen Teig fehlt jetzt noch das Mehl und das geben wir gemeinsam mit einem halben Teelöffel Weinstein durch ein Mehlsieb in die Schüssel. Der Geschmack des Teiges ist jetzt geschafft, jetzt müssen wir ihn nur noch ein wenig locker bekommen. Wir nehmen die Eiklar, die wir vorhin zur Seite gestellt haben und schlagen sie auf. Wenn der Eischnee richtig fest geworden ist, den Zucker hineinrühren und noch einmal schlagen.

Diese Eiweiß-Zucker-Masse jetzt vorsichtig unter den Teig heben. Eine ausgebutterte Springform steht schon bereit und da hinein kommt jetzt der Teig. Im vorgeheizten Backofen wird unser Honig-Boden bei 190 Grad 30 Minuten gebacken.

Diese Zeit nutzen wir für den Belag. In einem Topf die Butter zergehen lassen, den Zucker unterziehen und gründlich rühren. Vorsichtig den flüssigen Honig hineinrühren und die Temperatur hochdrehen. Nach und nach die flüssige Sahne dazugeben, schließlich die geriebenen Mandeln, die grob zerstoßenen Pistazienkerne und eine Messerspitze Zimt. Nun soll die Flüssigkeit kurz aufkochen. Die Temperatur dann sofort zurückdrehen und bei wenig Hitze etwas einkochen lassen.

Den Boden aus dem Ofen nehmen, in der Form lassen und rasch mit dem Belag bestreichen. Dann die Form in den Ofen zurück – Boden und Belag bleiben jetzt noch 20 bis 25 Minuten bei 170 Grad im Ofen. Duftend und glänzend ist die Honigtorte dann fertig. Sie muss erst auskühlen, bevor wir sie verzieren.

NORDDEUTSCHER APFEL-STREUSEL

Erinnern Sie sich noch an Ihre Kindheit? Ich weiß noch, was das Leckerste war an Omas Apfelkuchen: Es waren die krossen und doch saftigen, süßen Streusel auf dem Apfelkuchen. Es gab jedes Mal Ärger, wenn ich die Streusel vom Kuchen pflückte und nicht das ganze Stück Apfelkuchen aß.

Versunken in Erinnerung an diese Zeit saß ich irgendwann vor meinem Ofen und überlegte, warum meine Oma damals eigentlich noch einen Boden gebacken hatte – wo ich doch so scharf war auf Streusel. Warum sollte ich eigentlich keinen Apfelkuchen backen können ohne Boden? Nur die Äpfel – und darüber eine Menge an herrlichen Streusel?

Als eine Stunde später der Duft aus meinem Backofen kam, war mir klar: Experiment gelungen. Die Äpfel kommen herrlich zur Geltung. Die Torte (falls man sie so nennen kann) ist schnell gemacht und ganz leicht.

Die Golden Delicious (oder eine ähnliche Apfelsorte) schälen, halbieren und in nicht zu dünne Spalten schneiden. In einem Topf vermischen wir das Glas Apfelwein mit 50 Gramm Zucker, geben den Zimt und die Gewürznelke hinzu und kochen die Apfelspalten darin ca. fünf Minuten. Danach sollen die Früchte noch nicht ganz gar sein, da sie ja im Backofen noch einige Zeit verbringen müssen.

Aber das Kochen macht den Apfel schon ein wenig weich – und außerdem nimmt der Apfel den herrlichen Geschmack von Zimt und Nelke an.

Zutaten:

6 Golden Delicious
125 Gramm Zucker
150 Gramm Mehl
100 Gramm Butter
100 Gramm ungeschwefelte Rosinen
1 Glas Apfelwein (oder Apfelsaft)
1 Gläschen Apfelbrand (zum Beispiel Calvados)
1 Zitrone
1 Teelöffel Zimt
1 Gewürznelke
200 Gramm saure Sahne

NORDDEUTSCHER APFEL-STREUSEL

Inzwischen haben wir eine ſeuerfeste, flache Auflaufform oder eine flache Kuchenform ausgebuttert und schichten die Apfelspalten dicht an dicht hinein. Sie sollen nebeneinander liegen, nicht übereinander.

Über die Apfelspalten gießen wir jetzt den Saft der ausgepressten Zitrone und streuen noch die Rosinen darüber.

In einer Schüssel jetzt noch die geschmolzene Butter mit dem Mehl und dem restlichen Zucker vermengen. Das geschieht mit den Fingerspitzen, so lange, bis wir mit den Fingerspitzen kirschgroße Streusel bilden können. Diese Streusel streuen wir jetzt über die Apfelspalten und geben ein paar Spritzer Apfelbrand obendrauf.

Nun muss unser Apfel-Streusel in den Ofen, und zwar bei 180 Grad für 30 Minuten. Nach ungefähr 20 Minuten wäre es gut, wenn wir auf Oberhitze umschalten, damit die Streusel Farbe bekommen. Bevor die Streusel aber ganz bräunen, nehmen wir die Auflauf- oder Backform aus dem Ofen. Der Apfelröster-Streusel wird warm gegessen. Mit einem Tortenheber heben wir dazu eine Portion auf einen Teller.

Ein herrlicher Kontrast ist es, wenn auf den warmen Kuchen noch kühle saure Sahne kommt. Und wenn wir in ein Schälchen saure Sahne ein Gläschen Apfelbrand einrühren und die Mischung auf den Kuchen geben, haben wir alles richtig gemacht.

So simpel kann vollkommener Kuchen-Genuss sein.

Landküche
bringt Frische auf den Tisch

Omas Rezepte
128 Seiten, Hardcover
Bestell-Nr. 70630N

Kastanienrezepte
94 Seiten, Hardcover
Bestell-Nr. 70586N

Tortengeheimnisse aus Land- & Hofcafes
192 Seiten, Hardcover
Bestell-Nr. 70592N

Speisekammer Wald und Heide
207 Seiten, Hardcover
Bestell-Nr. 70603N

Brotrezepte aus ländlichen Backstuben
160 Seiten, Hardcover
Bestell-Nr. 70614N

Omas Leckereien
128 Seiten, Hardcover
Bestell-Nr. 70634N

Leckeres aus der Kartoffelkiste
191 Seiten, Hardcover
Bestell-Nr. 70621N

Kräuterschätze zum Kochen und Kurieren
191 Seiten, Hardcover
Bestell-Nr. 70608N

Kochen was anmacht
128 Seiten, Hardcover
Bestell-Nr. 70640N

Frisches aus der Salatschüssel
160 Seiten, Hardcover
Bestell-Nr. 70615N

Suppen und Eintöpfe vom Lande
128 Seiten, Hardcover
Bestell-Nr. 70631N

Gemüse querbeet
144 Seiten, Hardcover
Bestell-Nr. 70633N

Telefon (05 31) 7 08-6 90 • Fax (05 31) 7 08-6 09 • buch@landbuch.de

Nehmen Sie mit
BINGO
Ihr Glück in die Hand!
Geldgewinne
Sachpreise
Jackpot-Chance
Zusatzpreise
Und viel Spaß
Immer sonntags ab 17 Uhr im NDR.
HALBFAS | WERBEAGENTUR
TOTO LOTTO
Ein Gewinn für alle!
NDR Fernsehen
BINGO! Die Umweltlotterie